教育部人文社会科学研究一般项目成果（10YJA630100）

跨国并购中的品牌资源整合研究

刘文纲　著

中国财经出版传媒集团

经济科学出版社
Economic Science Press

图书在版编目（CIP）数据

跨国并购中的品牌资源整合研究/刘文纲著．—北京：
经济科学出版社，2017.6
ISBN 978 - 7 - 5141 - 8128 - 9

Ⅰ.①跨…　Ⅱ.①刘…　Ⅲ.①制造工业 - 跨国兼并 -
品牌战略 - 品牌 - 中国　Ⅳ.①F426.4

中国版本图书馆 CIP 数据核字（2017）第 116035 号

责任编辑：于海汛　宋　涛
责任校对：杨　海
责任印制：潘泽新

跨国并购中的品牌资源整合研究
刘文纲　著
经济科学出版社出版、发行　新华书店经销
社址：北京市海淀区阜成路甲 28 号　邮编：100142
总编部电话：010 - 88191217　发行部电话：010 - 88191522
网址：www. esp. com. cn
电子邮件：esp@ esp. com. cn
天猫网店：经济科学出版社旗舰店
网址：http：//jjkxcbs. tmall. com
北京季蜂印刷有限公司印装
710×1000　16 开　12. 25 印张　200000 字
2017 年 6 月第 1 版　2017 年 6 月第 1 次印刷
ISBN 978 - 7 - 5141 - 8128 - 9　定价：36. 00 元
（图书出现印装问题，本社负责调换。电话：010 - 88191510）
（版权所有　侵权必究　举报电话：010 - 88191586
电子邮箱：dbts@ esp. com. cn）

前　　言

　　现代市场竞争就是品牌的竞争，培育自主的国际知名品牌是企业国际化的战略目标之一。长期以来，基于对自身资源条件和国际经营环境的考虑，我国企业大都选择贴牌方式或"贴牌＋自主品牌"的方式进入国际市场，而在自主国际品牌的创建上投入资源普遍较少。由于缺乏自主国际品牌，我国企业"走出去"不可避免地要依赖跨国公司，加入其全球一体化经营网络并成为其中的一个节点（加工制造环节）。但这样做的结果是，我国多数企业被长期锁定在国际产业链的低附加值环节，企业国际化进程和企业持续发展能力受到很大程度的制约。正是认识到创建自主国际名牌的重要性，像华为、格力、海尔、联想、TCL集团、青岛啤酒、中联重科、雅戈尔等一批中国企业不惜投入巨额资金，建立海外分销网络、海外生产基地或收购当地企业，甚至是收购欧美国家的企业，以提升企业的国际市场影响力，加快培育自主的国际名牌。

　　进入 21 世纪以来，随着"走出去"开放战略的深入实施，我国企业以跨国并购方式实现的对外直接投资额逐年快速增长。据商务部的统计数据显示，2004 年时，中国企业跨国并购投资金额还只有 30 亿美元，而 2013～2015 年 3 年中国企业跨国并购投资额分别为 529 亿美元、569 亿美元、544 亿美元，分别占当年全部对外直接投资净流量的 31.3%、26.4%、25.6%。2015年中国企业跨国并购涉及制造业、信息传输软件和信息技术服务业、采矿业等行业；其中，制造业并购金额为 137.2 亿美元，位居首位，涉及 137 个项目。由此看出，跨国并购已经成为中国制造业企业对外直接投资和开展国际化经营的重要方式。

　　作为来自新兴国家的企业,中国企业发起的跨国并购往往属于"蛇吞象"式并购,其并购动因有显著的共性,即通过跨国并购,获取欧美国家知名企业的人才、技术、品牌、渠道、客户关系等战略资源,提升企业核心竞争能力,进而加快企业国际化进程。但国内外的多项研究表明,跨国并购的失败率非常高。TCL 集团、联想集团等中国企业在跨国并购后也都遇到了很多问题,如海外业务亏损、客户资源流失、自主品牌国际化成长缓慢等。那么,作为弱势一方的中国企业应制定什么样的跨国并购战略? 如何推动跨国并购中的市场类无形资源优势转移? 在跨国并购后如何规划品牌战略以促进并购双方品牌资产的提升? 如何提高中国企业跨国并购整合绩效? 对这些问题的高度关注正是本书的出发点。本书希望通过研究,揭示我国制造业企业跨国并购中市场类无形资源整合的特殊性,构建品牌、渠道、客户关系等资源整合方式选择的分析模型并阐明各种整合方式的适用性,建立品牌资源整合管理体系和购后整合绩效评价指标体系,推进跨国并购整合管理理论的丰富完善,并为提高我国企业跨国并购绩效提供理论支持。

　　国际名牌战略的实施需要经历一个长期而艰巨的过程,而且要求企业有充足的资源做支撑。那么,在竞争日益激烈的国际市场中,我国企业应如何选择国际品牌战略? 如何创建自主的国际名牌? 如何根据内外部环境变化对原有的品牌战略进行动态调整? 对这些问题的高度关注,也是本项目选题的出发点。本项目希望通过研究,提出推动企业品牌国际化进而使中国企业摆脱"高市场占有率—低市场控制力"困境的措施建议。

　　通过文献扫描发现,以往研究工作主要基于企业资源基础论、知识转移、人力资源管理、财务管理等视角研究并购整合问题,研究对象主要涉及组织、人力资源、企业文化和财务等资源或要素,研究内容主要包括资源整合的重要性、整合模式及其选择、整合过程管理、核心能力转移等。在大量文献中,如博阿滕

（Boateng，2006）、普鲁厄特等（Pruett et al.，2003）、里斯伯格（Risberg，2003）、潘爱玲（2006）等，都强调文化整合是并购整合管理的核心内容，并对文化整合模式选择、整合过程管理等进行了深入的研究。亨里克等（Henrik et al.，1999）、安纳德和德里奥斯（Anand and Delios，2002）、王国顺和李清（2006）、陈龙波等（2007）等，对跨国并购中的知识转移进行了研究，并认为知识属性、吸收能力、经验、文化差异等因素与知识转移水平有显著关系。从以往的研究成果看，资源整合方式的选择和设计是研究的焦点问题，例如，哈斯帕拉夫和杰米森（Haspeslagh and Jemison，1991）根据并购双方的战略依赖性需求和组织独立性需求，提出了资源整合的四种模式：合并式整合、保护式整合、共生式整合、控制式整合。李广明（2006）提出，企业并购整合应从横向、纵向、时间和空间四个维度构建整合管理体系。

但在以往研究中，（1）关于品牌、渠道、客户关系等市场类无形资源的并购整合及市场知识转移的研究仍较少，即使一些文献关注到了此方面问题，也仅为局部或孤立研究，缺乏对市场类无形资源整合的系统研究，对市场类无形资源整合的系统性、交互性和长期性较少考虑。（2）关于跨国并购整合绩效评价、跨国并购与品牌国际化战略关系的研究也不多见。对无形资源整合的业绩和效率进行全面、客观评价应是跨国并购整合管理的重要内容，而揭示跨国并购在品牌国际化进程中的战略地位和作用也是中国企业国际化的客观需要。（3）关于整合模式选择的研究中较多关注了文化差异、战略关联性、并购结构等因素，但对无形资源特性、目标市场特性等因素的关注还较少。仅仅考虑某两方面的因素并建立资源整合方式选择理论模型的思路并不适合所有的资源要素。（4）我国企业发起的跨国并购大都属于"蛇吞象"式并购，而国内外关于"蛇吞象"式并购条件下的品牌整合管理问题的研究尚处于起步阶段，相关研究成果仍较少。

随着企业并购理论发展至现在，人们普遍认识到，并购整合管理在很大程度上决定着跨国并购的成败。而品牌的资源特性及其在企业国际化中的关键地位决定了，品牌及其背后的市场类无形资源整合应成为跨国并购整合管理的重要内容，并且整合方式/策略的选择正是品牌资源整合管理的关键内容。因此，本课题选择中国制造企业跨国并购中品牌、渠道、客户关系等市场类无形资源整合问题作为研究对象，基于对市场类无形资源特性及跨国并购与企业品牌国际化战略关系的剖析，对品牌资源整合特殊性、整合方式选择、整合过程管理、市场知识转移、整合绩效评价等问题展开研究，推进跨国并购整合理论的完善，并为提高我国企业跨国并购整合绩效提供理论和方法支持。

本书研究内容和研究思路如下：

（1）国内外相关研究文献综述。本部分将基于文献综述，明确本书研究的理论基础。本书研究的理论依据主要包括：基于无形资源转移的跨国并购战略理论、企业资源基础论、国际品牌管理理论、渠道理论、关系营销理论等。

（2）构建品牌资源整合管理体系，深入剖析市场类无形资源特性（特别是隐默性和适配性）。在此基础上，构建市场类无形资源整合管理的系统模型，阐明品牌、渠道、客户关系及市场知识等无形资源整合之间的内在关系，并明确整合管理的主要内容；进而从横向（明确资源整合的范围及重点）、纵向（保证整合管理的系统性和计划性）、时间（节奏管理和动态调整）和空间（明确无形资源如何在不同组织、不同区域之间进行转移扩散）四个维度构建品牌资源整合管理体系。

（3）品牌资源整合方式选择的实证研究。本部分将基于对整合方式选择影响因素的系统分析，对品牌资源整合方式进行比较研究。市场类无形资源特性决定了，决策者在选择整合方式时需要考虑多方面的因素，如双方品牌的相对市场影响力（品牌强度）、双方市场定位的一致性、双方企业文化及其源文化的差异性、目标市场特性等。基于以上的比较研究，构建品牌资源整合方式选择的实证模式，并以近年来中国企业跨国并购实践为例进行实证检验，阐明各种整合方式的适用性。

（4）品牌背后的战略性资源整合研究。品牌是一种综合性无形资源，在其背后隐含着渠道、客户关系、市场知识等多种战略性资源。品牌资源的综合性决定了，跨国并购中品牌资源的整合具有显著的复杂性和多层次性，品牌资源整合可分解为品牌整合、渠道整合、客户关系整合等内容。本书将对客户关系、渠道等品牌资源整合管理体系、整合方式选择等问题进行研究。

（5）品牌资源整合绩效评价研究。本书将明确品牌资源整合绩效评价方法，构建整合绩效评价指标体系，并选择中国企业跨国并购案例进行实证检验，阐明评价指标体系的可操作性和有效性，提出有关提高我国企业跨国并购整合绩效的对策建议。

本书坚持规范研究和实证研究相结合。本书基于对吉利、TCL集团、联想集团、中联重科等企业的跨国并购案例分析，构建跨国并购中的品牌资源整合分析模型，阐明我国企业国际化进程中的品牌战略变迁路径。但由于跨国并购管理属于企业战略管理的范畴，因而企业案例调研存在难度，所能获得的一手数据资料往往较少，进而限制了案例研究的可靠性。进一步加强企业案例研究，将是笔者今后努力的方向。

本书作为教育部人文社会科学研究项目"企业跨国并购中的品牌资源整合研究"（10YJA630100）的研究成果，在结构体系、学术观点、研究方法等方面难免存在一些不足，望专家学者和广大读者批评指正。

作　者
2017 年 5 月

目　　录

第一章

跨国并购中品牌资源
整合研究综述

　　无形资源优势是企业实施跨国并购的基础条件，跨国并购的动因之一就是为了实现无形资源优势在来自不同国家的企业之间的转移、扩散与优化配置。围绕无形资源优势转移和扩散，加强并后整合管理，提高各种资源尤其是无形资源的配置效率，是增强企业核心竞争能力和推动企业国际化成长的重要措施。在跨国并购中，品牌、渠道、客户关系等市场类无形资源整合管理及其绩效，关系到并购成败。本章通过对并购整合相关文献进行梳理和分析，掌握相关研究进展和存在不足，进而明确课题研究重点和研究思路。

　　关键词：并购整合；无形资源；品牌；渠道；客户关系

一、跨国并购整合

　　由于并购整合绩效在很大程度上决定着并购成败（Agrawal et al.，1992；高良谋，2003；黄速建等，2003），因此，自 20 世纪 80 年代中期以来，如何有效开展并购整合成为企业并购理论研究的主要问题。通过文献梳理发现，以往研究工作主要基于企业资源基础论、知识转移、人力资源管理、财务管理等视角研究并购整合问题，研究对象主要涉及组织战略、人力资源、企业文化和财务等资源或要素，研究内容主要包括资源整合的重要性、整合模式及其选择、整合过程管理、知识能力转移等。

（一）企业并购整合

并后整合是企业并购整个过程的最后一个环节，也是一个关键的环节，只有经过有效的并后整合，并购双方才能充分融合到一起，进而实现"1 + 1 > 2"的协同效应。众多研究表明，并后整合的不顺利是企业并购失败的主要原因之一。

魏江（2002）认为，并后整合是由兼并方或并购双方共同采取的一系列旨在推进合并过程、合并绩效的管理措施、手段和方法，涉及员工安排、队伍建设、文化重组和业务重建等每次兼并活动必须面对和完成的各项工作。王长征（2002）认为，并后整合是并购双方组织及其成员间通过企业资源能力的保护、转移、扩散和积累创造价值的相互作用的过程，此定义基于有效的能力管理是并购价值创造源泉这一认识。

1. 并购整合内容

并购整合涉及企业经营管理的每一个层面或领域。张秋生、王东（2001）将企业并购后的整合内容划分为战略整合、业务活动整合、管理活动整合、组织机构整合、人事整合、文化整合六个部分。在企业并购中，并购双方转移的不仅仅是有形资产，更重要的是转移了管理制度、技术、品牌、文化等无形资源或能力；因此，在并购后期整合中，不光要重视资产负债整合、组织结构整合、业务整合，更要重视制度整合、人力资源整合、文化整合、技术整合、品牌整合等（刘文纲等，2007）。

每个公司都有自己相对稳定的组织文化，成功的并购必须考虑到组织文化因素的影响。如果并购双方在组织文化上的差异过大乃至互不相容，将会导致巨大的文化阻挠成本，阻碍了企业并购后经营战略的有效实施，降低企业的价值创造能力，从而增加并后整合的难度并导致并购失败（黄速建等，2003）。因此，在较长一段时期内，并后文化整合成为国内外学者们研究的重点。通过对相关文献的梳理可以发现，关于并后文化整合的研究发展脉络大致可以分为三种：文化匹配理论、文化建构主义理论和文化适应理论；随着理论的变迁，学者们关注的重点从并购前的文化差异到并购后的文化整合，从单方的文化适应到双方的文化互动，从静态的单一适应策略到动态的多种适应策略，体现出了研究的不断深入和对管理实践的逐步贴近（朱金强和李海，2014）。基于文化匹配理论的研究强调并购前的文化差异是妨碍并购整合成功的重要因素，因此，在选择并购目标时应该评估目标企业的文化（Cartwright and Cooper，1993）。与文化匹配理论相比，文化建构主义更关注并购后的文化整合，强调通过改变员工的认同进行文化整合，并把并购后期文化整合看做是员工社会身份重新认同的过程（Vaara，2000）。文化适应理论则更强调并购双方的互动、融合、创新，但文化差异仍是文化适应的阻力。

获取其他企业拥有的技术资源进而增强企业竞争力是一些企业并购的主要动因，进而技术整合也成为并购后期整合的重要内容。刘文纲等（2009）认为，不同类型的技术资源可以选择不同的转移方式，适宜通过跨国并购实现转移的技术资源往往具有显著的隐默性和适配性；在跨国并购中，并购方企业必须对被并购方企业的战略类型及技术特点进行分析，对双方战略的一致性及技术转移对竞争战略实施可能产生的影响做出判断，如果双方战略不一致，产品技术或工艺技术的转移往往难以实现。吉利并购沃尔沃为我国企业跨国并购的技术整合提供了宝贵的经验，吉利并购沃尔沃的技术整合策略主要有：在技术评价阶段，分别从技术需求和市场需求角度对目标企业的技术进行评估；在技术导入与内化阶段，初期采取技术共存的整合模式，后期采取技术融合的整合模式；对技术人员的整合主要采取沟通为导向的策略（孙江明等，2014）。

2. 并购整合模式

哈斯帕拉夫和杰米森（Haspeslagh and Jemison，1991）根据业务单位对组织自治和战略相互依赖性的差异，提出了并购整合的四种模式，即吸收型、持有型、维持型和共生型，如图1-1所示。在这四种模式中，最容易管理的整合模式是吸收型，即并购方只是简单地把被并购方纳入现有的组织结构中；当企业通过收购进行多元化扩张时，更常见的整合模式是维持型（保护式），即维持被并购方的独立经营地位；在并购方努力把自己的战略资源注入目标公司或者反过来将目标公司的资源配置到并购方组织中的时候，整合过程常会伴随着共生现象，这显然是难度最大的一种整合模式，文化冲突、人员流失等问题都可能会成为这种整合模式顺利推进的障碍。

战略相互依赖的需要

	低	高	
组 织 自 治 的 需 要	维持型	共生型	高
	持有型	吸收型	低

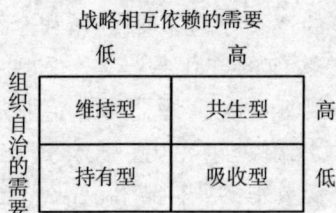

图 1-1　企业并购整合模式

(二) 企业跨国并购整合

进入 21 世纪以来，全球跨国并购形成了第六次浪潮，与前五次相比，这次并购浪潮的特点主要为：新兴经济体国家的企业并购西方发达国家的企业、互联网企业并购规模越来越大、能源石油等自然资源型企业并购增多等。之所以出现这样的特点，主要是因为新兴经济体国家的崛起，互联网市场的发展和扩大以及区域和世界范围的金融危机影响。在这次浪潮中，许多中国企业走出去，成为跨国并购的主角。根据商务部发布的《中国对外直接投资统计公报》，中国企业以跨国并购方式实现的对外直接投资不断增加。

1. 文化差异与跨国并购整合

在跨国并购中，文化差异是客观存在的，包括国家文化和组织文化两个层面；文化差异会引发跨国并购双方之间的文化冲突，进而影响并购整合效果。多数研究成果基于文化距离理论，认为文化差异越大，跨国并购整合难度越大 (Cartwright and Cooper, 1993；Weber, 1996；黄速建等，2003)。文化差异影响并购整合绩效的原因包括：降低员工投入与合作水平、目标公司高层管理人员变动、加大并购后整合的复杂性、降低资源转移效果等。文化差异还会对并购方的股票收益及销售增长产生负面影响。

还有一些学者则认为，文化差异是能力发展与价值创造的来源。文化差异越大，并购各方在知识、惯例和技能等方面的互补性越强，越有利于提高并购后的组织竞争力，从而提升并购绩效 (Morosini et al. , 1998)。高层管理团队的文化互补性对并购绩效有明显促进作用，因为它能够强化组织学习和降低人员变动率，实现协同效应 (Larsson et al. , 1999)。此外，在并购整合后变得相容的前提下，并购各方的文化差异越大，并购绩效就越高 (Veiga et al. , 2000)。

跨国并购存在所谓的"七七"定律，即70%的跨国并购没有实现期望的商业价值，其中70%的并购失败于并后文化整合不能顺利进行，跨国并购失败率高是普遍现象。众多研究表明，企业跨国并购的成败更多地取决于并购后的整合，其难度大于并购交易本身，并购双方的文化整合是决定企业并购成败的关键（唐炎钊等，2012）。由于文化整合涉及双方文化之间的接触、冲突、磨合等一系列博弈过程，因此，企业跨国并购除了要考虑经济博弈的维度，还必须关注文化博弈维度，即企业跨国并购整合的实质是经济与文化的双重博弈（齐善鸿等，2013）。

2. 跨国并购整合管理过程和整合机制

奎阿、扬（Quah and Young，2005）按照并购企业对被并购企业的整合程度，将跨国并购过程分为四个阶段：并购前阶段、缓慢整合阶段、快速主动整合阶段、完全整合阶段。李广明（2006）在系统研究了中国企业跨国并购后期资源整合的基础上提出，并购方企业应当从纵向、横向、空间、时间四个维度（见表1-1）推进并购双方的资源整合。

表1-1　　　　　　　　跨国并购整合管理过程的四个维度

四个维度	管理目标
纵向维度	保证并购整合管理的系统性和计划性
横向维度	明确无形资源整合的范围及重点
时间维度	加强对渠道、品牌等无形资源整合的节奏和时机的动态管理
空间维度	明确无形资源如何在不同组织之间进行转移和优化配置

在并后整合过程中，跨国公司对被并购的海外子公司所采取的政策措施对于并购能否成功非常关键；例如，作为母公司对子公司员工心理和态度影响的方式，人力资源控制机制（文化控制、行为控制、结果控制）对人力资源整合绩效非常关键。周路路等（2012）运用控制机制理论和并购后整合的阶段模型分析了跨国并购后不同阶段目标情况下并购企业对子公司的控制机制的演变过程，并结合案例分析提出了三个关于人力资源控制机制选择的命题，即在并购后动荡阶段，以稳定员工为主要阶段目标，母公司对子公司更倾向于采取文化控制；在运营变革阶段，以整合资源为主要阶段目标，母公司对子公司更倾向于采取行为控制；在稳定发展阶段，以提高盈利水平为主要阶段目标，母公司对海外子公司倾向于采取结果控制。

3. 中国企业跨国并购情境的特殊性及整合策略

中国企业发起的跨国并购大都属于"蛇吞象"式跨国并购，即来自新兴国家的弱势企业（品牌）对欧美国家强势企业（品牌）的并购（郭锐等，2012）。姚鹏等（2015）总结，与传统"强并弱"式并购不同，"蛇吞象"式跨国并购的动机有以下几种：一是通过跨国并购，获得西方知名企业的先进技术、人才、管理能力和市场等资源来加速国际化进程；二是借助强势品牌在全球范围内获得认知，提高自主品牌的品牌资产，同时并购方投资组合的多样化也会对并购后的品牌价值产生积极影响；三是让欧美强势品牌充当并购方企业在发达地区的发言人，帮助企业的自主品牌打破一些国家所设置的政治及贸易壁垒，从而促进其在全球范围内的快速发展。根据并购动机，中国企业的"蛇吞象"式并购更多表现为并购与自己业务相一致企业的横向并购。

在跨国并购中，作为并购方的中国企业处于"经济顺势—文化逆势"的特殊情境，无论是经济顺势还是文化逆势，都与西方发达国家企业在并购中所面对的情境明显不同，需要对其进行有针对性的分析和研究。齐善鸿等（2013）认为，在"经济顺势"与"文化逆势"的情境下，中国企业应在跨国并购过程中放低"经济顺势"的优越姿态，加强与西方发达国家企业的协调与沟通，强调以"双方合作、共同发展"为最高诉求，用共赢的合作理性来代替背离目标的非理性对抗，制定和谐的"合金式"的企业文化整合思路，如表 1 – 2 所示。

表 1 – 2　　"经济顺势—文化逆势"情境下"合金式"文化生成策略

	并购方企业	被并购方企业
心态选择	以真诚、开放的心态，积极主动沟通	心态归零，紧盯共同利益和目标，积极合作，坦诚沟通
策略选择	以合作者和学习者的定位从事各项工作，以共同利益和目标为牵引打造"合金文化"	积极配合，为自身既有优势和并购方优势的融合提供建议，认真贯彻双向已达成的决策
最终结果	文化整合为结合双方优秀因子的新文化，新企业目标统一，决策受到双方支持，双方人员心情舒畅，人力资源得到有效发挥，整合结果达到甚至超过预期	

二、跨国并购中的无形资源整合

跨国并购是实现企业国际化战略目标的具体措施，也是实现无形资源优势在来自不同国家的企业之间实现转移和扩散的基本途径，跨国并购战略的制定也应以核心能力的培育或国际竞争力的提升为导向。

（一）基于无形资源优势转移的跨国并购战略分析框架

企业并购为企业核心能力培育服务，并购整合应围绕企业核心能力进行（魏江，2002）；并购整合的过程正是企业资源能力转移、扩散并创造价值的过程（王长征，2002）。正是基于这样的认识，刘文纲等（2009）构建了如图1-2所示的企业跨国并购战略分析框架。在该框架中，无形资源优势被认为是企业实施跨国并购行为的基础条件，跨国并购的动因就是为了实现无形资源优势在来自不同国家的企业之间的转移与扩散；通过这种转移和扩散，提高各种资源尤其是无形资源配置效率，进而增强核心竞争能力，推动企业国际化成长。

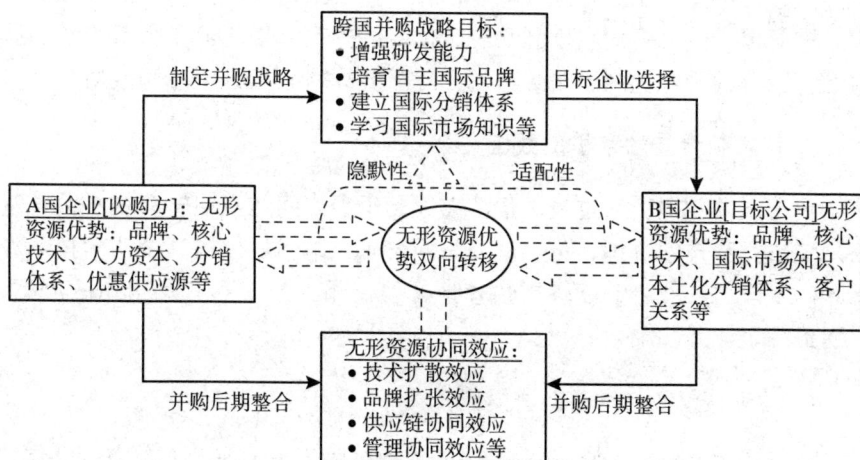

图1-2　基于无形资源优势转移的跨国并购分析框架

(二) 跨国并购中的无形资源协同效应

在企业跨国并购中，随着无形资源优势的双向转移与扩散，会产生一系列的协同效应，如管理协同效应、品牌扩张效应、技术扩散效应、供应链协同效应、文化协同效应等。本文把这些效应统称为无形资源协同效应，正是这些协同效应的产生，给企业国际竞争力和国际化成长带来显著的、积极的变化。跨国并购整合绩效与并购中所产生的无形资源协同效应呈正相关关系。

1. 管理整合与管理协同效应

先进管理模式或管理经验往往具有一定的规模经济性，在跨国并购中，优势一方通过向另一方移植先进管理模式或先进的管理经验、方法，往往能够提高接受方的管理效率，进而提高其竞争力。但文化差异有可能给管理协同效应的实现制造障碍。

2. 品牌整合与品牌扩张效应

一方面，依托国际名牌及其市场地位、销售网络、长期客户关系和售后服务体系，可以大大提高企业所生产产品的市场竞争力和销售业绩；另一方面，跨国并购尤其是强强联合，可以大大提高并购方企业的国际影响力，进而提高其品牌知名度和品牌价值。此外，如果能够获得对方的品牌控制权，有助于企业制定更灵活的国际品牌战略（如区域品牌战略）。

3. 技术整合与技术扩散效应

在跨国并购中，通过技术优势在不同组织之间的双向转移和扩散，重新配置研发和技术资源，可以获得技术溢出，即明显地提高企业的技术水平和研发能力，使企业能够更快速地开发出领先技术和有竞争力的产品，进而提高企业并购绩效。

4. 供应链整合与供应链协同效应

通过跨国并购，一方面，可以实现原材料、半成品等供应源的共享，使企业在更广的范围内灵活选择供应源，提高对供应商的讨价还价能力，降低采购成本。另一方面，当并购双方拥有的海外生产基地数量较多且在全球广泛分布时，整合后的企业可以灵活选择原产地，进而帮助企业跨越反倾销、进口配额、高关税等贸易壁垒。

5. 文化整合与文化协同效应

如图 1 - 3 所示，文化差异对跨国并购具有深层次的影响。并购最终成功的决定性因素不是并购前双方文化差异的大小，而是并购后的文化整合或重构能否发展出促进合作、共享的价值观与目标，进而促进知识转移。此外，在跨国并购中，由于一方的积极文化对另一方的消极文化具有可输出性并存在规模经济的潜能，因此，通过积极文化对消极的企业文化的扩散、渗透和同化，可以提高被并购企业或并购方企业的整体素质和效率。一般情况下，随着并购规模的扩大，文化协同效应对效率的贡献也越大。

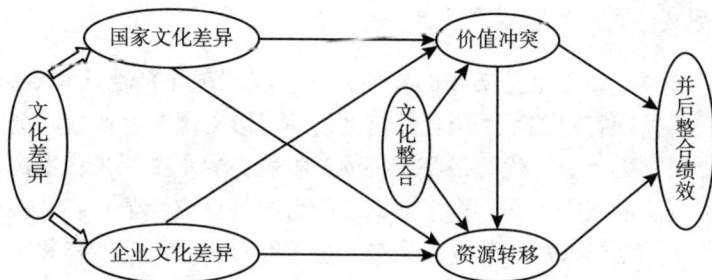

图 1 - 3　文化差异、文化整合与跨国并购整合绩效

基于无形资源优势转移的跨国并购绩效可以用如下公式表示：

$$U = f(E) + \beta Y$$

其中，U 表示跨国并购绩效，f 表示函数关系，E 表示并购中的无形资源协同效应，Y 表示其他并购效应（如促进国有企业改制的效应），β 为贡献率。

三、跨国并购后的品牌整合

（一）市场类无形资源及获取途径

1. 市场类无形资源

市场类无形资源，是指企业拥有的与产品（服务）市场相关的无形资源，包括品牌、渠道网络、客户关系等。市场类无形资源之所以重要，是因为它们能使企业提供的产品或服务在国内外市场上获得竞争优势。品牌不仅表明了产品和服务的提供者是谁，而且为消费者和企业之间搭建了一个情感沟通的平台，保证了客户对企业的认知（企业形象）、信赖和忠诚，而客户信赖能保证产品的销售和较少的存货；有效的分销渠道网络则保证所有可能的客户都能及时得到产品和服务，并最大限度地提高企业销售业绩。所有这些资源对于企业的生存和发展，都是非常重要的。此外，更为重要的一点是，市场类无形资源是企业实现技术创新成果价值和价值增值的重要保障；如果没有合适的市场类资源提供支持，技术创新成果就难以实现市场化、商业化。

2. 战略性资源的获取途径

随着公司战略理论与实践的发展，人们越来越深刻地认识到，品牌、技术专长、长期客户关系、国际分销网络等无形资源是企业核心能力的重要构成要素，无形资源优势是企业持续竞争优势的重要源泉；因此，如何加快无形资源的取得进而推进企业核心能力的培育或变革，以及在更大范围内利用企业已形成的无形资源优势实现无形资源优势的转移和扩散，成为企业战略管理的核心内容。

内部新建、市场交易、战略联盟和企业并购是企业获取无形资源或在更大范围内充分利用已拥有的无形资源优势的四种基本途径，这几种途径在获取资源的成本、速度、对所获资源的控制力以及遭遇文化冲突的程度等方面存在明显的差异，战略决策者在做出决策时必须给予考虑。与其他几种途径相比，通过跨国并购，能够快速实现无形资源在来自不同国家的企业之间的双向转移与扩散，并保证并购方拥有较强的资源控制力；因此，近年来，有越来越多的企业，特别是大型跨国公司或急于开拓国际市场的新兴企业，选择通过跨国并购来获取品牌、技术、渠道等企业需要的无形资源。

（二）跨国并购中的品牌整合与并后品牌战略

在缺乏品牌战略的情况下，并购企业管理者往往会过度关注短期利益而忽视消费者的信任，并最终导致并后整合的失败；因此，采取何种品牌战略就成为企业在跨国并购后面临的重要问题（Basu，2006）。西方学者关于跨国并购中品牌整合问题的研究基本上是基于强势品牌视角的，并针对"强并弱"式并购条件下的品牌整合问题进行研究；而新兴国家企业开展的大都是"蛇吞象"式并购，对于"蛇吞象"式并购条件下的品牌整合问题有必要进行专门的研究，特别是从弱势品牌的视角来展开研究非常重要（郭锐等，2012；姚鹏等，2015）。

1. 基于强势品牌视角的研究

巴苏（Basu，2006）提出，当并购品牌（A）是公司品牌而被并购品牌（B）是产品品牌时，品牌战略有四种：单一定位战略、单一提供物战略、全球战略和最佳适合战略。巴苏（2006）还指出，当并购品牌（A）和被并购品牌（B）同属公司品牌时，并后品牌可以有四种品牌战略：联合品牌战略（A−B）、灵活品牌战略（A&B）、单一品牌战略（A 或 B）和新品牌战略（C）。其中，所谓灵活品牌战略是指，同时保留双方品牌，针对不同的国际市场与定位采用不同的品牌，这样有助于扩大市场份额。

迦琚等（Jaju et al.，2006）提出，从消费者评价视角下的品牌重置战略（Brand Redeployment Strategies）包括协同式重置战略和非协同式重置战略，前者指被并购企业在并后对其品牌要素和品牌名称进行重新布置和规划，后者指保留被并购品牌的标示和名称。吴顿安等（Vu et al.，2010）在对并购后品牌整合的研究中提出四种品牌战略：重新选择战略（即淘汰重复品牌，重新规划品牌组合）、增长最大化战略（即保持双方品牌独立，以利润最大化为战略目标）、协同战略（即依靠规模经济实现品牌管理成本的节约）和重建战略（即利用原有品牌优势创建新品牌）。

2. 基于弱势品牌视角的研究

一些民族企业（品牌）为了加快其国际化步伐，不惜花费重金收购国外强势品牌。"蛇吞象"式的跨国并购（品牌资产较差的品牌并购品牌资产较好的品牌）迎来的并非都是消费者的掌声，仍有消费者对此存在质疑，甚至产生认知失调的感觉。因此，作为弱势品牌的并购方在并购国外强势品牌后首先要解决的问题是：实施怎样的并后品牌战略才能减轻由于"蛇吞象"带给消费者的认知失调，并提升并购双方的并后品牌整合绩效。

苏珊娜等（Suzanne et al.，2006）认为，针对"蛇吞象"式的企业并购，并后可以采取完全专注被收购品牌而放弃自有品牌的策略，要么就和被并购品牌建立联合品牌。而王海忠等（2011）通过考察新兴国家成功收购欧美品牌的案例和相关企业家的管理理念，从"蛇吞象"式并购的目的出发，认为与西方有敌意的并购不同，"蛇吞象"式并购的目的更多的是获得西方强势企业的优质品牌资产，以提升本企业的品牌形象，进而加速本企业的国际化进程；因此，摒弃自有品牌并专注于被并购品牌的整合方式肯定不适合"蛇吞象"式并购，而两个品牌独立运营是适合这类并购的品牌战略，而在推出新产品时采用联合品牌效果较好。

郭锐等（2012）基于认知一致性和顾客品牌资产（CBBE）理论，从弱势品牌视角出发，研究如何有效减轻"蛇吞象"后消费者的认知失调。其研究发现：品牌要素战略（名称变化）、营销支持战略（价格维持或降低）以及次级联想杠杆战略（原产地保留或去除）都对并后品牌绩效产生显著影响，而且维持原价的单一品牌的品牌要素和营销支持战略组合更能积极影响并后品牌的品牌绩效。

四、跨国并购后的渠道整合

渠道资源是跨国并购中并购方希望获得的战略性资源之一。要实现渠道整合的目的，必须选择适当的渠道整合策略。影响渠道整合的因素包括：渠道成员拥有的互补性资源、信任程度、渠道规模、渠道控制力等（郑胜华和张沙沙，2011）。信任可大大增强情感性承诺，从而增加渠道成员间维持渠道关系的强烈愿望，使渠道各成员更多地专注于积极动机，减少彼此联结的可算计性因素（王桂林和庄贵军，2004）。

1. 渠道整合策略

根据跨国并购双方整合程度，可以划分出四种渠道整合策略（刘颖，2013）：

（1）渠道分立策略，即跨国并购后，保持并购企业和目标企业原有分销渠道体系的独立性，通过原有渠道分别销售原来的产品或不同品牌。

（2）渠道融合策略，即跨国并购企业将目标企业的渠道吸收到企业渠道架构之下，通过渠道销售全系品牌的策略。

（3）渠道新建策略，即在海外市场建立全新的渠道，按照企业的标准寻找新的经销商或代理商。

（4）渠道保护策略，即并购企业与目标企业在产品和市场定位等方面大为不同，但目标企业所拥有的渠道资源对企业的后续发展意义重大，因而对其渠道资源进行保留及保护的策略。

2. 渠道整合与客户关系整合

并购双方渠道资源的整合与客户关系转移有直接的关系。一方面，最终客户关系的建立和维护需要制造商和中间商的共同努力；另一方面，制造商和中间商的关系也是一种重要的客户关系，如果与中间商的关系处理不好，很可能影响到与最终客户的关系。在跨国并购中，并购双方渠道的整合直接决定了新的中间商布局和对原有的中间商取舍，即原渠道中哪些中间商会被保留，哪些中间商会被放弃，被保留中间商在新的渠道系统中履行什么样的职责等，进而基于渠道而建立的客户关系布局也会发生变化。

在渠道整合中，一个重要的任务是对并购双方原有渠道成员或合作伙伴进行评价进而做出选择。帕玛迪尔等（Palmatier et al.，2007）通过文献梳理，总结了关于评价渠道成员的四种分析框架，并对这四种框架应用于企业并购整合背景下的优势和劣势进行了阐述。如表 1 – 3 所示，这四种框架分别基于销售管理视角、历史业绩视角、战略匹配视角、消费者选择视角。

表 1 – 3 渠道成员评价的四种框架

评价框架	典型的评价维度	渠道整合中的应用	优势	劣势和预期偏差
销售管理视角的框架	组织架构、设施和体系；销售覆盖范围；销售和营销能力；产品/服务协同效应；动机和销售额份额	并购企业与目标企业双方员工对各自原有渠道合作伙伴的评价；并购双方员工对新渠道合作伙伴的评价	未来渠道业绩的决定因素是很难识别和测量的，但可以通过销售经理的直觉捕捉到。应用销售管理系统可以提高销售人员的动力和对渠道网络的支持	员工制定的销售渠道决策是根据收购前的背景确定的（并购企业的销售人员会倾向于选择他开发的渠道合作伙伴）；在新的销售组织中，并购双方销售人员之间可能会发生冲突
历史业绩视角的框架	销售增长；新客户开发；交叉销售效果；市场份额；渠道盈利能力	并购企业的某个渠道合作伙伴的业绩与其所有的渠道合作伙伴相比较；目标企业的某个渠道合作伙伴的业绩与目标企业所有的渠道合作伙伴的比较	仅关注重要的业绩结果，可以避免确定和测量销售渠道特征和业绩驱动因素的困难	除了控制渠道成员外，还有许多外部因素影响销售渠道业绩。由于所销售的产品、价格不同，对并购双方的渠道合作伙伴进行业绩比较是尤其困难的。评价结果可能会对业绩标准和时间周期的选择高度敏感

评价框架	典型的评价维度	渠道整合中的应用	优势	劣势和预期偏差
战略匹配视角的框架	组织架构、设施、体系（例如 CRM 系统的应用）；销售覆盖范围；销售和营销能力（如平均教育程度和工作经验年限）；产品/服务协同效应；动机；渠道收入的排名和份额	与并后企业的理想销售渠道框架相比，一个特定的渠道合作伙伴的适配性	对比并购前双方渠道的竞争关系，并后管理层需要根据战略目标，明确一个理想的渠道合作框架。因此，管理层所做的选择是促使渠道合作伙伴和战略导向的理想框架相匹配	由于决定未来渠道绩效的许多因素很难确定，加上可利用的中间商是有限的，因此，渠道产出更多是由可利用的数据决定，而不是那些重要的属性
消费者选择视角的框架	支持水平；产品线的广度；关系深度（持续期间和频率）；顾客对渠道成员的忠诚度	原并购企业的顾客对并购双方的渠道合作伙伴的评价；原目标公司的顾客对并购双方的渠道合作伙伴的评价	顾客对渠道合作伙伴的看法和忠诚往往是成功的关键。顾客可能是唯一对所有预期的渠道合作伙伴都有了解的。特别是，大客户同许多的中间商进行交易。因此，顾客可能是最适合提供多个渠道成员之间的比较的	顾客有意识或无意识地更忠诚于那些经营规模大、提供更丰富产品的渠道成员，但同时这些渠道成员不一定只与一个供应商保持合作关系。因此，顾客视角的观点不一定能够对并购企业未来业绩或渠道合作伙伴的能力或动机提供深刻的解释

五、跨国并购后的客户关系整合

客户关系是指在供应链的上下游不同环节的组织之间所形成的、具有持续性的交易、合作关系。客户关系是企业很重要的无形资源，客户关系资源的整合效果对跨国并购成败有重要影响。

韩静和张利（2010）认为，企业在战略并购过程中进行纵向关系资源的整合存在风险，包括分销渠道的整合风险、品牌的整合风险和客户关系的整合风险。他们认为，关系资源分为纵向关系资源、横向关系资源和网络关系资源，而品牌、渠道、客户关系等纵向关系资源整合难度较大，也较具有现实意义，关系到企业并购后的成败。

在企业并购后的整合过程中，客户忠诚度和满意度纷纷下降，客户数量也会有一定程度的减少。造成这种现象的原因有：产品价值的变化、人员价值的变化、企业形象价值的变化、客户总成本的变化等，因此，企业并购后客户价值提升也应从这些方面入手（刘玉斌和李响，2007）。

真实性是消费者购买决策的基础，消费者对品牌真实性的感知与其品牌忠诚度正相关；因此，跨国并购后品牌管理的关键在于提高消费者对强势品牌的真实性感知（姚鹏和王新新，2014）。为了提升客户对被并购强势品牌的真实性感知，并购方企业应努力保留强势品牌的历史传统、工作团队、技术工艺、原产地及品牌文化和个性等。

刘文纲（2009）认为，在跨国并购中，品牌整合与客户关系整合有紧密关系。并购方企业可以采用品牌收购、品牌租赁、推广自有品牌等方式对双方品牌资源进行整合；随着品牌资源整合的推进，一些客户关系可能被放弃，其他的客户关系会被保留或重建。在品牌收购和品牌租赁两种情况下，新的客户关系建立的一个基本条件是，原客户必须认同并购方成为品牌新的运营者并接受并购方的品牌运营理念。同其他无形资源一样，客户关系具有明显的隐默性和适配性；此外，客户关系还具有共生性的特征。受限于资源本身具有的这些特性，使得在企业跨国并购中客户关系的转移和维护往往难以顺利实现。

过聚荣、邬适融（2007）认为，客户关系资源具有渗透力、附着度、共生性和外生性等特征，对于客户资源为关键资源的企业来说，避免因关键员工的离职而导致客户关系流失问题的解决方法在于让员工为公司做专用性投资，企业可以通过赋予关键员工对企业关键资源的进入权达到目的。

跨国并购可能会破坏供应商与客户之间的适配性，涉及运营适配、组织适配、人员适配、文化适配和战略适配等，进而影响到客户关系双方的信任、依赖关系（许晖等，2014）。一旦发现关系问题或客户退出倾向，供应商必须立即采取适当的措施修复客户关系。采取什么样的措施方案修复客户关系取决于：引起关系退化的原因、生命周期阶段（客户退出行为模式）、当时客户的反应行为（忠诚、抱怨、任凭关系恶化等）。引起客户关系倒退的原因可能有多种，但本质原因是供应商给客户提供的价值不能达到客户期望的标准，且分两种情况：一是供应商提供的客户价值确实低于客户的期望；二是客户对供应商提供的价值认识不足。对于第一种情况，关系修复行动的焦点是提高客户价值；对于第二种情况，修复行动的焦点是沟通，通过有效的沟通，促进客户对公司提供的价值的认可。

在跨国并购中，客户关系整合的主要工作之一是留住被并购企业的销售骨干员工。杨昀（2016）研究发现，心理契约的建立，通过心理资本的四个维度，即自我效能、希望、乐观、恢复力的中介作用，对员工满意度发挥显著正向作用；所以，在跨国并购实践中，可以通过对心理资本的管理和引导，实现心理契约的默契，提高核心员工满意度，降低离职率，实现跨国并购人力资源顺利整合的目的。

六、总结和评析

（1）通过文献梳理发现，以往研究工作主要基于企业资源基础论、知识转移、人力资源管理、财务管理等视角研究企业并购后期整合问题，研究对象主要涉及组织战略、人力资源、企业文化、技术和财务等资源或要素，研究内容主要包括资源整合的重要性、整合模式及其选择、整合过程管理、知识能力转移等。但以往研究中，关于品牌、渠道、客户关系等市场类无形资源的并购整合及市场知识转移较少涉及，即使一些文献关注到了此方面问题，也仅为局部或孤立研究，缺乏对市场类无形资源整合的系统性研究。

（2）在跨国并购中，品牌整合与渠道整合、客户关系整合、文化整合、人力资源等有紧密关系，市场类资源整合具有显著的复杂性、交互性。其中，文化整合具有统驭性，文化整合能否顺利进行在很大程度上决定着品牌、渠道、客户关系等市场类无形资源整合的效果。

（3）中国企业跨国并购整合情境的特殊性值得关注和研究。现有有关企业并购后的品牌整合研究集中在"强吞弱"型的企业并购上，而对日益兴起的"弱并强"型企业并购后的品牌整合及品牌战略研究相对缺乏；但是，有关"强吞弱"型企业并购中的品牌资源整合和品牌管理研究成果，对于课题组研究"弱并强"并后品牌战略及品牌资源整合具有重要的理论参考价值。

（4）虽然国内外学者们从不同的角度通过理论推演提出了跨国并购后适合采取的品牌战略，但是不同的战略在不同的情境下最终效果究竟如何还有待实证数据的进一步检验。同时，品牌战略在实施过程中可能会受到多种因素的影响，不同因素在其中扮演什么样的角色，发挥多大的作用，各因素之间可能存在什么样的关系等问题都有待进一步研究。今后可以考虑以采用不同战略的企业为案例进行深入探讨。

（5）如何评价跨国并购中的品牌整合绩效值得研究。早期关于并购绩效的研究主要基于战略管理和财务学视角，聚焦财务绩效和市值绩效指标。这两方面的研究只能部分解释并购的价值创造，而并购价值主要来源于并购双方的资源整合及协同效应。对品牌资源整合绩效的评价应主要从协同效应入手。

参考文献：

［1］Agrawal A, Jaffe J F, and Mandelker G N. The Post-merger Performance of Acquiring Firms: A Reexamining of an Anomaly ［J］. Journal of Finance, 1992, 47（4）: 1605 - 1621.

［2］Phillipe C. Haspeslagh and David B. Jemison. Managing Acquisitions: Creating Value through Corporate Renewal ［M］. New York: Free Press, 1991.

［3］Quah P, and Young S. Post-acquisition Management: A Phases Approach for Cross-border M&As ［J］. European Management Journal, 2005, 23（1）: 65 - 75.

［4］Jaju A, Christopher J, and Srinivas K R. Consumer Evaluation of Corporate Brand Redeployments ［J］. Journal of the Academy of Marketing Science, 2006, 34（2）: 206 - 215.

［5］Basu K. Merging brands after mergers ［J］. California Management Review, 2006, 48（4）: 28 - 40.

［6］Suzanne H, Simon G, James B. Bringing Brand into M&A Discussions: Misunderstanding Brands can put at Risk ［J］. Mercer Management Journal, 2006,（20）: 35 - 41.

［7］Vu D A, et al. Strategic framework for brand integration in horizontal mergers and acquisitions ［J］. Journal of Technology Management in China, 2009, 4（1）: 26 - 52.

［8］Morosini P, Shane S, Singh H. National cultural distance and cross-border acquisition performance ［J］. Journal of International Business Studies, 1998, 29（1）: 137 - 158.

［9］Larsson R, Finkelstein S. Integrating strategic, organizational, and human resource perspectives on mergers and acquisitions: A case survey of synergy realization ［J］. Organization Science, 1999, 10（01）: 1 - 27.

［10］Palmatier R W, et al. Sales channel integration after mergers and acquisitions: A methodological approach for avoiding common pitfalls [J]. Industrial Marketing Management, 2007 (36): 589 – 603.

[11] 郭锐、陶岚、汪涛、周南:《民族品牌跨国并购后的品牌战略研究——弱品牌视角》,载《南开管理评论》2012 年第 3 期,第 42 ~ 50 页。

[12] 黄速建、令狐谙:《并购后整合:企业并购成败的关键因素》,载《经济管理》2003 年第 1 期,第 6 ~ 13 页。

[13] 李广明:《中国制造企业跨国并购后整合模式的有效性研究》,载《科学学与科学技术管理》2006 年第 8 期,第 117 ~ 120 页。

[14] 刘文纲、汪林生、孙永波:《跨国并购中的无形资源优势转移研究——以 TCL 集团和万向集团跨国并购实践为例》,载《中国工业经济》2007 年第 3 期,第 120 ~ 128 页。

[15] 朱金强、李海:《跨国并购中的文化整合理论的演变及其展望》,载《现代管理科学》2014 年第 1 期,第 32 ~ 34 页。

[16] 刘文纲、侯汉坡、刘春成:《企业跨国并购中的技术转移研究——以 TCL 和万向集团跨国并购实践为例》,载《科学学与科学技术管理》2009 年第 8 期,第 19 ~ 23 页。

[17] 孙江明、高婷婷:《企业跨国并购中的技术整合策略研究——以吉利并购沃尔沃为例》,载《价值工程》2014 年第 4 期,第 9 ~ 11 页。

[18] 齐善鸿、张党珠、程江:《跨国并购"经济—文化"综合博弈模型》,载《管理学报》2013 年第 11 期,第 1588 ~ 1595 页。

[19] 周路路、赵曙明、王埏:《企业跨国并购后不同整合阶段控制机制选择》,载《软科学》2012 年第 3 期,第 86 ~ 90 页。

[20] 刘玉斌、李响:《企业并购整合中客户价值提升路径研究》,载《经济论坛》2007 年第 24 期,第 78 ~ 80 页。

[21] 高良谋:《购并后整合管理研究——基于中国上市公司的实证分析》,载《管理世界》2003 年第 12 期,第 107 ~ 114 页。

[22] 张秋生、王东:《企业兼并与收购》,北京交通大学出版社 2001 年版。

[23] 韩静、张利:《战略并购知识资源整合风险管理系统的构建》,载《现代管理科学》2010 年第 7 期,第 71 ~ 73 页。

[24] 过聚荣、邬适融:《企业客户关系的特征性分析及其治理机制研究》,载《南开管理评论》2007 年第 10 期,第 50 ~ 53 页。

[25] 杨昀：《跨国并购高层次人力资源整合影响机理研究——基于心理资本的调节效应分析》，载《技术经济与管理研究》2016 年第 6 期，第 52～56 页。

[26] 王桂林、庄贵军：《中国营销渠道中企业间信任的概念模型》，载《当代经济科学》2004 年第 1 期，第 39～43 页。

[27] 魏江：《基于核心能力的企业购并后整合管理》，载《科学管理研究》2002 年第 1 期，第 31～36 页。

[28] 姚鹏、王新新、靳代平：《"蛇吞象"式并购条件下的品牌管理研究述评与展望》，载《外国经济与管理》2015 年第 2 期，第 51～58 页。

[29] 王海忠、陈增祥、司马博：《跨国并购中品牌重置策略对新产品评价的影响机制研究》，载《中国工业经济》2011 年第 11 期，第 100～108 页。

[30] 许晖、冯永春、许守任：《基于动态匹配视角的供应商与关键客户关系的构建与演进》，载《管理世界》2014 年第 4 期，第 107～123 页。

[31] 陈明亮：《客户关系修复中的一些关键问题研究》，载《经济管理》2005 年第 4 期，第 47～51 页。

[32] 王长征：《企业并购整合：基于企业能力论的一个综合性理论分析框架》，武汉大学出版社 2002 年版。

第二章

跨国并购中的品牌整合

——静态和动态的视角

　　如何利用被并购方企业拥有的品牌资源，是我国企业在做出跨国并购决策时必须考虑一个战略性问题，而并购双方的品牌整合也是跨国并购整合管理的重要内容。在跨国并购中，并购方可以选择的品牌整合方式主要有：品牌收购、品牌租赁、贴牌、使用自主品牌、树立本土化新品牌等。品牌资源的综合性决定了，跨国并购中品牌整合具有显著的复杂性和多层次性。本章以中国企业跨国并购案例为样本，选择 MNL 离散选择模型对企业跨国并购中的品牌整合策略选择问题进行实证分析。实证分析结果表明，影响企业是否做出品牌收购决策的最主要因素为并购方品牌的市场影响力（成长性）和并购方企业资源条件。渐进式整合（即品牌租赁）和激进式整合（即品牌收购）是目前我国企业主要采用的两种策略，它们各有利弊。

　　企业在设计品牌资源整合方案时应从纵向、横向、时间和空间四个维度入手，而且应随着企业国际化进程的推进适时调整企业国际品牌战略。此外，对于吉利、联想、海尔等企业来说，在跨国并购后的品牌资源整合方案设计中，还必须处理好公司品牌与产品品牌的关系。

　　关键词：品牌整合；品牌收购；品牌租赁；自主品牌；国际品牌战略

一、引　言

　　进入 21 世纪以来，随着我国"走出去"战略的加快实施，跨国并购成为我国企业进入海外市场、获取战略性资源和开展国际化经营的重要战略方式。例如，TCL集团从2002~2004年先后收购了德国的施耐德公司、美国的 Govedio 公司、法国汤姆逊公司的彩电业务和阿尔卡特公司的手机业务。2005年5月，联想集团更是实现了"蛇吞象"，收购了IBM的PC业务。万向集团自1997~2005年，先后收购了舍勒、UAI、RockFord 等近30家欧美汽车零部件制造商或经销商。2010年8月，吉利控股集团公司以18亿美元从福特汽车公司手中获得沃尔沃汽车公司100%的股权以及相关无形资产。2013年9月，双汇国际以71亿美元全资收购了全球最大猪肉生产商美国的史密斯菲尔德公司。2014年10月，联想集团又以29亿美元代价从谷歌手中收购了摩托罗拉公司。

随着由中国企业和发达国家企业合力掀起的新一轮跨国并购浪潮的来临，人们逐步认识到，在自主品牌的国际影响力仍较为薄弱的情况下，在跨国并购中如何处置和整合被并购方企业的品牌资源，是一个值得深入探讨的难点问题，如图2-1所示。但实际上，在中国企业早期的跨国并购实践中，如何利用外国企业的品牌资源并对双方品牌资源进行有效整合往往被我国企业忽视，结果导致在没有利用好被收购方的品牌资源的同时，自主品牌的国际化成长也受到严重不利影响；特别是所收购品牌的市场价值下跌，原有客户资源流失。

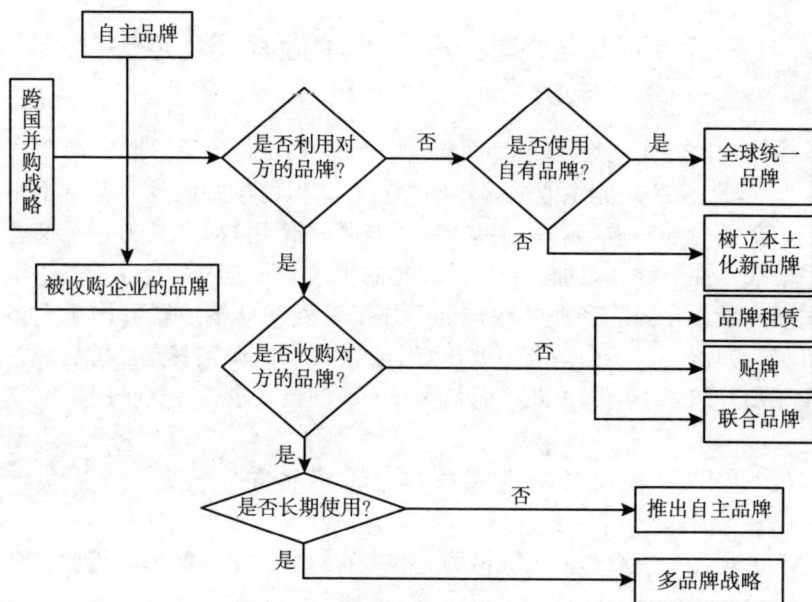

图2-1 跨国并购中的品牌整合问题

　　在 2007 年全球金融危机以前，由中国企业发起的多数跨国并购案实质上是西方跨国公司战略调整和产业重组的"副产品"，即中国企业对外国企业剥离的加工、装配等产业链低端业务给予承接，但后者拥有的技术、品牌等资源往往不在并购范围之内。可是，对于仍处于国际化初期、自身资源条件仍比较薄弱的中国企业来说，十分希望借助国际知名品牌的市场影响力及其背后的渠道、长期客户关系等战略性资源，实现快速进入国际市场并在国际市场站稳脚跟的战略目的。因此，我国企业在做出跨国并购决策时，必须考虑一个战略性问题，即如何利用或处置被并购方企业拥有的品牌资源。从实际情况看，在 2008 年以后，中国企业在跨国并购整合管理中，对品牌及相关资源的整合问题越来越重视了；随之，品牌成为中国企业"蛇吞象"式跨国并购中创造价值的关键要素。

　　如图 2-1 所示，跨国并购后的品牌整合具有显著的复杂性。若企业选择了收购对方的品牌资源，那么，在并购整合中，企业还必须决定是否继续使用所收购的品牌？若选择不收购的话，企业通过哪种途径利用被并购方的品牌资源，贴牌还是品牌租赁？我国企业在做出跨国并购战略决策时必须就以上这些问题及其影响做出全面的评估和慎重的选择，否则，企业国际化进程和国际名牌战略的实施都会受到严重的影响。

二、TCL 与联想：两种不同的品牌整合方式

　　联想集团和 TCL 集团是我国制造业企业中开展跨国并购的两个"急先锋"，虽然两个企业主业分属不同的行业，但跨国并购动因基本上是相同的，都是为了获取品牌（使用权）、技术（使用权）、渠道、长期客户关系等战略性资源，以加快企业国际化的步伐，这与两个企业均处于国际化初期阶段、在国际产业链中均处于加工装配的低端位置等因素直接相关。尽管如此，对于如何利用被并购企业的无形资源尤其是品牌资源，两个企业却采取了不同的方式，而且实际产生的效果也正在逐步产生差异。

（一）TCL 集团的渐进式整合：品牌租赁[①]

考虑到在竞争激烈的国际市场上推广和树立一个新品牌将需要巨额投

_____

① 资料来源：根据企业调研所获资料整理而得。

入和漫长的过程，TCL集团在对法国汤姆逊公司彩电业务的并购重组中选择了渐进的品牌整合方式，即通过品牌租赁（或品牌特许），TCL获得了Thomson、RCA等国际知名品牌长达20年的使用权，TCL希望借助这些品牌的市场影响力，迅速打开欧盟和北美等高端市场，并逐步积累国际营销经验和国际市场知识。从并购后两年（2005~2006年）的运行情况看，TCL集团在北美市场的销售量的确大幅度增长，并使TCL成为全球最大的彩电生产制造企业。例如，2005年仅2月一个月，TCL与汤姆逊的合资企业TTE在北美市场就销售了22.6万台彩电，远远超出2003年和2004年同期销售量。但由于巨额亏损，2006年11月，TCL集团停止了并购所带来的欧洲彩电业务，并扩大其在欧洲市场的战略OEM业务；继而，在2010年第三季度，TCL集团停止在北美市场销售RCA品牌产品。

值得注意的是，品牌租赁与贴牌是有区别的。在OEM方式下，中国企业扮演的就是加工厂的角色，产品生产出来后，产品的分销、售后服务及品牌维护等事项则全部由OEM委托方负责。而在品牌租赁方式下，受许方企业不仅要负责产品的生产，还要负责品牌在特许区域市场的宣传推广以及售后服务等工作。Thomson品牌的特许区域主要是欧洲市场，而RCA的特许区域是北美市场。既然选择了品牌租赁，TCL集团就应该考虑如何在特许区域内对Thomson、RCA进行宣传推广和维护。但实际情况是，受资金实力和品牌管理能力的限制，TCL集团并没有投入相应的资金来对这两个品牌进行宣传推广，更没有考虑对品牌内涵进行改造和重塑以寻求企业对品牌的控制力。结果是，这两个品牌在欧美市场的影响力和业绩进一步滑坡（在并购重组之前这两个品牌的价值已经出现下滑趋势）。还有一点值得重视，TCL集团选择的品牌租赁做法必然会影响到TCL自主品牌的国际化成长。企业资源是有限的，因此在同一时间里企业不可能同时兼顾到对租赁品牌的维护和对自主品牌的宣传推广。

（二）联想集团的激进式整合：品牌收购[①]

在收购IBM的PC业务中，联想集团选择了较为激进的品牌资源整合做法，即通过并购，联想不仅获得了"IBM"这一公司品牌5年的许可使用权（期限明显要短），而且还收购了IBM公司的两个产品品牌ThinkPad

---

① 资料来源：根据企业调研所获数据资料整理而得。

和 ThinkCentre，联想可以利用"IBM"这一著名公司品牌的庇护，继续销售 Think 系列的电脑产品，快速扩大企业在高端国际市场的收入。

自 2006 年开始，联想就着手进行国际品牌战略调整，即逐步放弃利用"IBM"品牌许可使用权，并全力对自有品牌"Lenovo"进行宣传推广，试图尽快把自主品牌打造成国际知名品牌。但没过多久，联想自主品牌的国际市场推广行动就遭遇到了预想不到的阻力和挑战，发生在美国的联想"安全门"事件给了联想当头一棒，这使联想决策层进一步认识到，在目前的国际市场上要树立一个新的品牌是多么的困难。与此同时，由于失去了"IBM"这一母品牌的庇护和支撑，ThinkPad 和 ThinkCentre 的市场影响力开始下降，市场表现也每况愈下。欧美发达国家市场对联想集团这一新的品牌拥有者和运营者仍有质疑。不仅如此，Lenovo 和 Think 背后的文化差异也阻碍了 Lenovo 成为所收购品牌的母品牌。

此外，为了迅速提升并购的市场业绩，联想对 IBM PC 业务的个人电脑产品线做出了定位调整。并购之前，ThinkPad 品牌的笔记本电脑普遍比其他品牌同类产品价格高出 30% 左右，2 万元以上单价的高端产品市场占有率很高。并购之后，联想推出了"Lenovo + ThinkPad"品牌的"海量产品"，意图在提高出货量。此举的确对销量做出了贡献。2008 年 ThinkPad 推出最低价 4000 元的 L 系列，2010 年推出最低价 2399 元的 E 系列，X 系列的上网本曾一度定价在 1999 元。这些低价位的 ThinkPad 笔记本电脑迅速在产品线中占有较高份额。但这些低端机型暴露出的质量、售后服务问题，开始让 ThinkPad 品牌饱受诟病，损失了大量原高端机型的客户。据企业抽样统计，2010 年，ThinkPad 高端 T 系列平均单店出货量严重缩水，从 2007 年每月 7 台降至 2010 年每月 3 台。

原 IBM PC 业务的渠道代理商都是有着售卖高端产品丰富经验的合作伙伴，转而以销售平价或低价产品为主，让很多渠道代理商很不适应，这凸显了联想品牌管理的缺失。一些渠道商抱怨说：联想集团把 ThinkPad 的价位拉低，相当于给自主品牌 Lenovo 设置了一个竞争对手，而没有很好地借力高端品牌效应创造一个更大覆盖面的产品线组合。拉低 ThinkPad 市场定位，不仅让渠道中间商不理解并产生抱怨，而且还引发了 ThinkPad 品牌和 Lenovo 品牌之间的内部竞争，进而影响企业整体销售业绩。

从联想的案例可以看出，通过品牌收购，虽然并购方完全拥有了对方品牌的所有权和控制权，并且有助于企业在国际市场做出更好的布局，推动企业差异化营销的开展，但由于文化差异、品牌运营能力、消费者民族中心主义等因素的影响，品牌背后的客户关系、渠道等战略性资源则不一定能够完全被并购企业所掌控；因此，企业要冒的风险也很大。

三、品牌整合方式比较及影响因素分析

在跨国并购中，并购方可以选择的品牌整合方式主要有：使用被并购方品牌、使用自主品牌（OBM）、联合品牌、树立本土化新品牌等，这几种方式各有其利弊。企业在做出关于品牌资源整合方式的决策时不仅要考虑自身的资金实力，还要考虑双方品牌的相对国际市场影响力、品牌市场定位的一致性、收购方企业对名牌的支撑能力、双方企业文化及其源文化的差异性、收购方企业的国际品牌战略选择、海外目标市场特性等因素。为此，在并购前就需要进行系统的品牌调查。

（一）品牌整合方式的比较

在跨国并购中，并购方可以选择的品牌资源整合方式主要有使用被并购企业品牌、使用自主品牌、品牌联合以及树立本土化的新品牌等，其中使用被并购企业品牌的具体方式又可分为品牌收购并使用、品牌租赁、贴牌（OEM）等。下面从品牌控制力、对企业实力的要求、承担的风险以及潜在收益等方面，对这几种整合方式的特点进行比较分析，如表2－1所示。

表2－1　　　　　　　跨国并购后品牌整合方式的比较

品牌整合方式		品牌控制力	对企业实力的要求	运营风险	潜在收益
使用被并购企业品牌	品牌收购	较强	高	大	大
	品牌租赁	较弱	较高	较大	较大
	贴牌	很弱	低	小	小
使用自主品牌		最强	高	较大	大
联合品牌		较强	高	大	较大
树立本土化新品牌		较强	高	较大	大

1. 使用自主品牌

这种整合方式的基本思路是：在跨国并购中，对于被并购企业的品牌资源既不收购也不利用，而是选择在海外市场推广使用自主品牌，在国际市场创建品牌资产。该方式保证了企业对品牌资产绝对的控制力，但对企业资金实力和品牌运营能力的要求也非常高。一般来说，自主品牌国际市场影响力较大且有能力在国际市场做进一步推广的企业才能有效运用该整合方式。如果企业能够在更多海外市场推广使用自主品牌，品牌的国际影响力和品牌价值将得到进一步提升，并有可能成为国际市场的强势品牌。例如，海尔在进入国际市场后坚持使用自主品牌，海尔品牌的国际影响力和市场份额不断扩大。

尽管使用自主品牌有许多优势，但也有其弊端，最突出的一点是企业在海外市场的投入大，要承担的风险也大。在各国间文化差异和市场需求差异客观存在的情况下，要想让更多的海外消费者接受具有不同文化内涵的外来品牌，不可避免地会遇到障碍。这要求企业必须加大宣传推广的力度，甚至需要将一定的当地文化元素加入到品牌内涵中，进而实现品牌国际化。此外，受文化差异和消费者民族中心主义等因素的影响，在跨国并购中，以并购方自主品牌替代被并购方的原有品牌，容易引发被并购企业员工和原有客户的抵触心理和行为。

2. 品牌收购

这一整合方式的基本思路是：在制订收购方案时，将被并购企业的品牌资产一并考虑在内，进而通过企业收购获得被收购企业的品牌资产的所有权，并在国际市场继续使用所收购品牌。

品牌收购的最大益处是，并购方企业可以利用所收购的品牌及其背后的渠道和客户关系资源，快速进入国际市场，扩大海外销售收入。当然，品牌多元化，也有助于企业在国际市场做出更好的布局，推动企业差异化营销的开展。例如，中联重科收购意大利 CIFA 公司后，实行双品牌战略，其中 CIFA 品牌专注欧美高端市场，而中联重科注重国内市场和中低端国际市场。同样，海尔收购日本三洋电机的白色家电业务及其产品品牌 AQUA 后，在日本市场同样采用双品牌战略，即 AQUA 品牌面向日本中高端家电市场，而 Haier 品牌面向日本中低端市场。但是，品牌收购对并购双方的要求都非常高，一方面，被并购企业的控股股东愿意出让品牌资产所有权；另一方面，并购方企业不仅要具有相当雄厚的资金实力，还要具备较强的品牌运营能力和跨文化管理能力。

在品牌收购模式下，虽然收购方付出巨大代价获得了品牌所有权，但由于文化差异、品牌运营能力、消费者民族中心主义等因素的影响，品牌背后的客户关系、渠道等战略性资源不一定能够完全被企业所掌控，有可能出现品牌价值下降和客户流失的问题（汪涛等，2012）；因此，企业要冒的风险也较大。例如，联想在收购了 IBM 的 ThinkPad 品牌后，就遇到了品牌价值贬损和客户流失的问题。

此外，在品牌收购模式下，并购企业还面临一个非常重要的问题，即是否对所收购品牌的市场定位做出调整或者采取品牌延伸策略。联想在收购了 IBM 的 Think 品牌后，就对该品牌的市场定位做出了一定的调整，即面向中国消费者市场开发了中低端的 Think 品牌个人电脑产品。李等（Lee et al.，2011）、王海忠等（2011）、郭锐等（2012）等研究认为，在"弱并强"式并购条件下，保持所收购的强势品牌的独立性，并维持其原有的市场定位是较为适合的并后品牌战略。

3. 品牌租赁

当收购方企业资金实力不足或者被并购企业没有出让品牌所有权的意愿时，品牌租赁往往成为一种重要的整合方式。品牌租赁，或称为品牌许可，是指在拥有品牌控制权的企业的许可下，另一企业获得在一定时期内对品牌的经营权。品牌租赁介于品牌收购与贴牌之间。例如，海尔集团在收购三洋电机的白色家电业务后，在越南、印度尼西亚、马来西亚等东南亚区域市场继续运营"SANYO"品牌，实施双品牌战略，但海尔并未收购"SANYO"品牌而是租赁使用①。

在品牌租赁方式下，受许方企业不仅要负责产品的生产和销售，还要负责品牌在特许区域市场的宣传推广以及售后服务等工作。因此，品牌租赁对受许方还是有一定要求的。例如，TCL 集团在租赁使用法国汤姆逊的Thomson、RCA 等品牌时，受资金实力和品牌运营能力的限制，并没有投入相应的资源来对这两个品牌进行宣传推广，更没有考虑对品牌内涵进行改造和重塑以增强企业对品牌的控制力，结果这两个品牌在欧美市场的影响力及销售业绩进一步滑坡。

---

① 资料来源：《海尔意向收购三洋电机洗衣机和冰箱等家用电器业务》，http：//news. xin-huanet. com/fortune/2011 – 08/02/c_121760541. htm。

此外，选择品牌租赁的做法还可能会影响到企业自主品牌的国际化成长。企业资源是有限的，特别是资金资源和人才资源，因此在同一时间里不可能同时兼顾到对许可品牌的维护和对自主品牌的宣传推广。因此，品牌租赁的整合方式也是存在一定风险的。

4. 贴牌

在跨国并购中，贴牌是一种最为初级的品牌整合方式。在该方式下，企业在海外市场投入最少，潜在收益也最低，对企业国际化成长的推动作用也最小，因此较少被具有战略眼光的企业采用。尽管如此，由于它对企业的要求最低，因此个别并购企业出于对自身资源条件和目标市场地位的考虑，也可以选择该模式，使企业能够在短期内快速实现海外收入的增加。例如，TCL 集团在停止其与汤姆逊的合资公司业务后，仍在一定时期内选择为 Thomson 贴牌。

5. 使用联合品牌

一般来说，采用联合品牌策略的跨国并购，往往是因为两个品牌具有相当的规模和市场声誉以及某些方面的互补性。当两个品牌都是强势品牌时，采用联合品牌策略往往是一种较好的选择（Jaju et al.，2006）。品牌形象的匹配性和产品层面的互补性是品牌联合获得成功的重要保证（Simonin and Ruth，1998），当品牌价值的提升在短期内难以实现时，一个具有相似价值观的品牌伙伴可能会带来更高的效率和意外惊喜，如品牌形象改善和消费者购买意愿的增强等。索尼和爱立信在建立合资公司后，选择使用联合品牌"索爱"，并取得不错的效果。

品牌联合可能给并购双方带来以下两方面的好处：一方面，具有互补性的两个品牌联合在一起，可以将双方的核心技术和竞争力整合在一起，共同服务于国际市场；另一方面，在品牌声誉、品牌形象等方面具有相似性的两个品牌联合在一起，市场不易产生抵触情绪，从而起到强化彼此客户忠诚、共同提升品牌价值的作用。

但品牌联合也是一柄"双刃剑"。采用这种策略的企业除了要考虑双方品牌强度和市场定位的相似性外，还要考虑双方品牌文化的匹配性，否则会带来较大的负面效果。例如，明基在收购西门子的手机业务后，采用了联合品牌的策略，推出了 BENQ – SIEMENS 手机。但由于低估了双方之间的文化差异，结果并购后不到 1 年就以失败而告终。

6. 树立本土化新品牌

该整合方式的基本思路：并购双方并不运作各自的任何一个品牌，而是根据当地市场需求状况、竞争状况和文化状况等树立一个新的本土化品牌，服务于当地市场。由于在宣传推广过程中，本土化新品牌吸收了当地文化元素，因此相比于外来品牌，更容易获得当地消费者的认同和接受。但新品牌的树立需要投入大量的资源和精力，因此这种策略较少被企业使用。如果并购双方的自主品牌市场影响力都较小，那么通过整合资源，打造一个新的本土化品牌也是一种市场突围的办法。

（二）影响品牌整合方式选择的因素[①]

品牌是在企业长期的投入和不断地创新、学习、营销过程中慢慢培育起来的，因此，品牌不仅是一个标识，还是一种综合性资源，它代表了企业的创新能力、质量管理能力、客户信任和忠诚、分销网络、市场声誉等无形资源。收购了外国企业的品牌，往往意味着同时获得了对方的客户关系、分销网络等资源。一般而言，并购方企业在做出跨国并购决策时，是否要将对方的品牌资产纳入到收购要约中，或采取品牌租赁、贴牌等其他的整合方式，这除了要考虑自身的资金实力外，还需考虑以下多方面的因素。

1. 双方品牌的相对国际市场影响力

如果企业自主品牌在国际市场的影响力强大，属于国际市场上的强势品牌[②]，而且企业实施的是全球统一品牌战略，那么在跨国并购中，企业应选择不收购或收购后搁置被并购方企业拥有的品牌资产的做法，并集中营销资源对自主品牌进行有力的宣传推广，以在尽可能短的时间内使目标市场认同并接受企业的自主品牌。反之，如果企业自有品牌在国际市场上影响力不大甚至没有影响力，而被并购方企业品牌在当地市场影响力大、成长性强，那么企业可以考虑收购被并购方企业拥有的品牌资源，并对所

---

① 本书的讨论基于一个假设，即跨国并购以横向并购或纵向并购为主，而混合并购，即跨行业并购不在讨论范围之内。

② 关于品牌"强势"与"弱势"的衡量方面，有两种观点。一种是利用品牌形象来衡量品牌的强弱；另一种是利用品牌资产价值来衡量品牌强度。品牌资产价值主要与品牌知名度、美誉度、忠诚度、品牌联想、品牌市场地位（市场份额）等相关。

收购品牌进行倾力打造，进一步提升其在当地市场和其他国际市场的影响力。

欧美国家企业在收购我国企业后，往往将我国企业的自主品牌搁置不用，这与其自主品牌强大的市场影响力直接相关。如表2-2和表2-3所示，与苹果、可口可乐、微软、丰田、GE等国际知名品牌相比，中国企业品牌价值还有很大差距。除了华为和阿里巴巴外，排名中国最有价值品牌前10名的均为央企品牌，而且以银行业为主（见表2-3）。本项目主要研究中国制造企业的跨国并购实践，但与跨国公司相比，中国制造企业自主品牌的国际影响力或品牌价值差距则更为明显（见表2-4）。

例如，中国制造业最有价值的品牌"华为"，其品牌价值（197.4亿美元）只有"通用电气（GE）"（431.3亿美元）的46%，而"海尔"品牌价值只有"通用电气（GE）"的7%。无论是品牌认知度、品牌美誉度、品牌忠诚度，还是技术支撑、市场扩张能力、品牌年龄等方面，"海尔"与"通用电气"还有很大差距。

表2-2 　　　　　2016年度全球最有价值品牌100强前10名

排名	品牌	价值（亿美元）	行业
1	苹果	1781.2	科技
2	谷歌	1332.5	科技
3	可口可乐	731.0	饮料
4	微软	728.0	科技
5	丰田	535.8	汽车
6	IBM	525.0	商业服务
7	三星	518.1	科技
8	亚马逊	503.4	零售
9	奔驰	434.9	汽车
10	通用电气	431.3	电气

资料来源：Interbrand发布的2016年度"全球最具价值100大品牌"排行榜。

表2-3 　　　　　2016年度中国最有价值品牌前10名

排名	品牌	价值（亿美元）	行业
1	中国移动	498.1	电信
2	中国建设银行	375.4	银行
3	中国工商银行	363.3	银行

续表

排名	品牌	价值（亿美元）	行业
4	中国农业银行	322.6	银行
5	中国银行	277.4	银行
6	中国石油	203.1	石油
7	中国建筑	202.1	建筑
8	中国石化	201.4	石化
9	华为	197.4	通信设备
10	阿里巴巴	179.7	互联网

注：世界品牌实验室等国际机构在进行品牌价值评估时，普遍采用了经济适用法。用公式表示，品牌价值 = E×BI×S。其中，E 是指平均年业务收益；BI 表示品牌附加值，即品牌对收入的贡献程度；S 是指品牌强度系数，包括 8 个要素：行业性质、外部支持、品牌认知度、品牌忠诚度、领导地位、品牌管理、市场扩张能力以及品牌年龄等。

资料来源：Brand Finance 发布的"2016 中国最有价值品牌榜 250 强"。

表 2－4　　　　　　　　2016 年度中国制造业最有价值品牌前 10 名

排名	品牌	价值（亿美元）	行业
1	华为（HUAWEI）	197.4	通信设备
2	中国南车（CSR）	73.4	铁路设备
3	茅台（MOUTAI）	57.7	白酒
4	小米（Xiao MI）	53.5	电子产品
5	联想（Lenovo）	43.3	计算机
6	中兴（ZTE）	29.9	通信设备
7	海尔（Haier）	29.8	家电
8	长城汽车（GWM）	28.8	汽车
9	格力（GREE）	27.9	家电
10	上汽（SAIC）	27.1	汽车

资料来源：Brand Finance 发布的"2016 中国最有价值品牌榜 250 强"。

此外，如果企业实施的是本土化品牌战略（即在不同国际市场树立不同的品牌），则可以保留并继续使用所收购的本土品牌，或选择排他性的品牌租赁。联合利华就是这种做法的成功典范，目前该公司旗下的旁氏、夏士莲等品牌都是其收购的民族品牌，而在中国市场则选择长期租赁使用"中华"牙膏、"老蔡"酱油等品牌。不管是所收购的品牌还是租赁的品牌，经其重新打造和推广，本土市场影响力都获得进一步提升。

2. 自身资源对品牌的支撑能力

作为知名品牌的运营者，必须具有卓越的品牌运营管理能力，要深谙品牌定位和品牌文化内涵，所有的言行必须与品牌文化保持一致；同时，企业所提供的各种产品和服务的质量必须要达到品牌一贯的要求，否则只能造成品牌价值的流失。因此，并购方企业在做出是否要收购品牌资产的决定时，必须考虑自身资源条件对名牌的支撑能力，这种支撑能力与企业的生产技术水平、质量控制能力、品牌运营能力、组织文化等有直接关系。

如果企业自身资源条件非常薄弱，不能对国际品牌进行有效的管理和运营，就不应采取激进的收购方式，而应采取贴牌或品牌租赁的渐进方式。例如，联想收购了 IBM 的 ThinkPad 和 ThinkCentre 后，仍继续使用这两个品牌，但因其自身的国际品牌管理能力薄弱，没有能够对这两个品牌进行有效的市场维护和创新改造，导致所收购品牌在北美等国际市场影响力下降，品牌价值退化[①]。

3. 并购双方企业文化及其源文化的差异性

如何处置被并购方品牌资产，与双方企业文化差异大小有密切关系。如果双方企业文化差异大，被并购方企业以及当地消费者不能完全认同并购方的企业文化，最好不要收购对方的品牌资产，尤其是子品牌；如果硬要接手，很可能造成品牌价值的流失，因为当地消费者不一定认同品牌新的拥有者和运营者。如果这时还要试图去改造被并购方的企业文化系统，会遇到更大障碍。例如，联想和 IBM 在企业文化及其源文化（东方文化和西方文化）上存在较大差异，因此，不管是 ThinkPad 和 ThinkCentre 的老客户还是其潜在客户，在短时间内都难以接受联想这个新的品牌拥有者和运营者，"Lenovo" 品牌也难以成为这两个产品品牌的母品牌。

4. 双方品牌市场定位的一致性

除了考虑以上因素外，决策者还要考虑，在收购对方的品牌后，是继续使用，还是放弃使用并以自主品牌替代。这主要取决于双方品牌在当地市场及国际市场的影响力对比，以及双方品牌市场定位的一致性。

---

① 据海外媒体报道，ThinkPad 产品在北美市场的销售价格不断下跌，高端品牌形象受到损害。2007 年圣诞节期间，ThinkPad R61e 美国市场促销价为 651.3 美元，约合 4822 元人民币。

　　如果在并购前期选择了收购被并购方企业的品牌资产，接下来，并购方企业还要就是否继续使用所收购品牌做出决策。如前所述，是继续使用还是放弃使用，这往往取决于双方品牌在当地市场及其他国际市场的影响力，以及双方品牌市场定位的一致性。决策者可以根据双方品牌市场定位的一致性和品牌的相对市场影响力两个维度，将并购后的品牌整合划分出四种情况，如图 2-2 所示。其中，市场定位一致性不仅涉及双方品牌所针对目标市场的重合度，还涉及品牌文化内涵的差异性大小；而相对市场影响力是指并购方自主品牌的国际市场影响力相比于被收购品牌的影响力而言是大还是小。

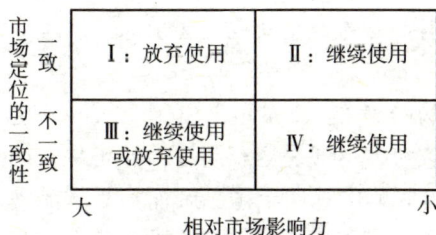

图 2-2　跨国并购后品牌整合方式选择

　　（1）当自主品牌的国际市场影响力明显大于被收购品牌，并且双方品牌所指向的目标市场高度重合时，一般应选择放弃对所收购品牌的使用，并对自主品牌进行宣传推广。例如，西门子公司在收购了我国的"扬子"冰箱后，仅仅沿用了很短的一段时间，就推出了自主品牌并将"扬子"品牌束之高阁。这样做的理由是：当自主品牌的国际市场影响力明显大于被收购品牌时，选择使用自主品牌，扩大其使用范围，这样会产生明显的品牌扩张效应；这时如果在目标市场上同时使用自主品牌和所收购品牌，势必会引发企业的内部竞争。

　　（2）当自主品牌在当地市场的影响力明显小于被收购品牌，并且双方品牌所指向的目标市场高度重合时，一般应选择继续使用被收购品牌，而自主品牌可以在国内市场和其他国际市场进行推广使用。例如，我国万向集团在收购了舍勒、UAI、RockFord 等国际品牌后，考虑到这些品牌在国际汽车零部件市场的强大影响力，选择了继续使用，并把产品生产转移到国内，生产出来的产品贴上所收购的品牌再返销国际市场，成功地实现了低成本制造优势、品牌优势和渠道优势的结合。

（3）当自主品牌的国际市场影响力不如被收购品牌，并且双方品牌所指向的目标市场并不重合且品牌内涵差异较大时，可以选择继续使用被收购品牌，而自主品牌可以在该国其他细分市场或其他国别市场使用。例如，中联重科收购了意大利 CIFA 后，仍继续使用这个品牌，因为 CIFA 品牌与中联重科的自主品牌分别指向不同的国际目标市场。所以，中联重科的这种做法是合理的。

（4）当自主品牌的国际市场影响力明显高于被收购品牌，并且双方品牌文化内涵差异较大时，可以选择继续使用被收购品牌，也可以选择不使用。对于经营快速消费品的企业，选择使用被收购品牌的做法有助于赢得当地消费者的高度认同和支持，如联合利华一贯采用这种做法。对于经营家电、汽车等耐用消费品的企业来说，在全球使用统一的品牌则更有利于企业的国际扩张。

联想该不该收购 IBM 的 ThinkPad 和 ThinkCentre 这两个产品品牌呢？基于以上分析我们认为，不管是从短期看，还是从长期看，这种做法意义都不大。首先，联想收购的是两个子品牌而不是母品牌，这两个子品牌一直依赖于 IBM 公司文化以及 IBM 在 PC 界的权威，一旦离开了 IBM，等于失去了品牌根基。事实也正是如此，由于联想试图放弃利用对"IBM"品牌的特许使用权，结果两个子品牌在欧美市场的表现大不如前。而且由于受文化差异大和自身市场影响力不足的限制，"Lenovo"品牌难以成为这两个子品牌的母品牌。其次，因联想自身的国际品牌管理能力薄弱，没有能够对这两个子品牌进行有效的市场维护和创新改造，联想与这两个品牌的联系也没有能够建立起来，导致所收购品牌的价值退化。

（三）品牌战略规划：全球统一品牌战略还是本土化品牌战略

国际品牌战略主要有两种模式：一种是全球统一品牌战略，即在全球范围内使用统一的品牌，树立统一的市场形象；另一种是本土化品牌战略（民族品牌），即在不同国别市场树立不同的品牌，并且在确定品牌内涵时更多地吸收当地的文化元素，以更快地获得当地消费者的认同和支持。

如前所述，企业选择的国际品牌战略对其跨国并购战略设计及并购后的品牌资源整合方式选择有重要的影响。有的企业在收购本土化品牌后，一直沿用这些品牌，并对其进行宣传推广，而有的企业则在使用一段时间后就放弃了这些品牌，而归于全球统一品牌。还有的企业从一开始就没有收购被并购方企业的品牌资源，而是选择在全球范围内推广使用自主品牌，树立全球化品牌。那么，在什么样的情况下企业应选择全球统一品牌战略，又在什么样的情况下应选择民族品牌战略呢？我们认为至少有以下两个因素需要考虑。

首先，是所经营的产品类别。一般认为，像牙膏、洗发液、咖啡、小食品等快速消费品，生命周期短，技术含量低，消费者感知风险弱，适合采用民族品牌策略；因此，在跨国并购中，通过收购或租赁等方式，长期使用所收购品牌的做法是比较合理的。对于家用电器、汽车等耐用消费品来说，由于它们技术含量高，消费者感知风险或质量意识强，希望借助品牌声誉获取质量信息，更适合于采用全球统一品牌战略；因此，在收购品牌后并放弃使用的做法就是比较合理的。如果自主品牌在国际市场影响力大，那么企业可以选择快速消灭所收购的民族品牌；如果自主品牌市场影响力小，那么企业可以选择暂时使用所收购的品牌作为过渡，待时机成熟时再放弃使用。

其次，国际市场需求的差异化程度也是需要考虑的重要因素。如果不同国别市场之间的需求差异比较明显，为了更大程度上获得当地顾客认同，保留所收购品牌或品牌租赁是较好的选择，以本土品牌推动企业与当地消费者的沟通。反之，如果不同国际市场之间的需求没有明显差异，并且自主品牌的国际影响力大，全球统一品牌就是较好的选择。随着经济全球化的发展和网络社会的逐步形成，各国之间的文化融合和趋同性越来越明显，市场需求差异化程度在不断降低，这促使许多跨国公司开始由国别营销观念转向全球营销观念，实施全球统一品牌战略。如日本松下电器公司在 2003 年做出决定，逐步放弃 National 品牌，在全球范围内统一使用 Panasonic 这一品牌。

专栏 2-1

品牌背后战略性资源的整合

品牌是经企业长期努力而形成的战略性无形资源，而且是一种综合性无形资源，在其背后隐含着企业的组织文化、渠道、客户关系等多种战略性资源。品牌资源的综合性决定了跨国并购中品牌资源的整合具有显著的复杂性和多层次性；品牌资源整合可分为品牌整合、渠道整合、客户关系整合等多层次的内容。

以渠道整合为例加以说明。在跨国并购中，渠道整合有三种主要方式：一是分立，即并购双方原有渠道系统分立并存、自成体系，分别销售不同品牌的产品；二是合并，即将被并购方的渠道系统整合到并购方渠道系统中，或将并购方的渠道系统整合到被并购方渠道系统中，所有产品都通过整合后的渠道系统进行分销；三是保护策略，即直接使用被并购方在当地建立的渠道系统。其中，当并购后的企业产品结构复杂、目标市场多元化时，可以采用第一种整合方式；当企业产品结构简单且目标市场集中时，可以采用第二种或第三种方式。并购方企业在东道国的渠道建设情况对整合方式选择有重要影响。如果并购方的渠道系统远不如被并购方的渠道系统，甚至并购方企业在东道国还没有进行渠道投入，那么，并购方企业应充分利用被并购方的渠道体系和中间商客户资源。

四、品牌资源整合策略选择模型的建立及实证检验

跨国并购实践当中，企业品牌整合策略的选择问题不涉及排序的情况。根据前文对整合策略选择的影响因素及各种整合方案的比较分析，将解释变量（自变量）设定为并购方品牌的市场影响力或未来的成长性、并购双方国际市场竞争力的对比、并购双方企业文化的同源性、并购双方品牌定位的一致性、并购方的资源条件。本项目选择 MNL 离散选择模型对企业跨国并购中的品牌资源整合策略选择问题进行实证分析。

设函数分布服从 Logit 分布，则企业 k 选择 n 种品牌整合策略中的第 j 种策略的概率为：

$$P_j^k \equiv P_j^k(Y=j) = \frac{\exp(\beta_j' x_k)}{\sum_{j=1}^{2} \exp(\beta_j' x_k)}$$

$$x_j^k = [T_j, \ e_j, \ R_j, \ S_j, \ M_j]$$

其中：T_j 为并购方品牌的市场影响力或未来的成长性；e_j 为并购双方国际市场竞争力的对比；R_j 为并购双方文化的同源性；S_j 为并购双方品牌定位的一致性；M_j 为并购方的资源条件。

$$\beta_j = [\beta_{j1}, \ \beta_2, \ \beta_3, \ \beta_4, \ \beta_5, \ \beta_6]$$

$$\frac{P_j^k(Y=j)}{P_j^k(Y=j)} = \exp(\beta_j - \beta_1)'x_k$$

$$\ln \frac{P_j^k}{P_j^k} = (\beta_j - \beta_1)'x_k$$

（一）二元选择模型（Binary – Choice Model）的构建

虽然前面已构造了多元选择模型，但由于企业样本大小和数据质量的限制（参见下面调查样本数据质量说明部分），模型的估计无法按应有的模型设定进行，不得不简化模型设定，并适当调整解释变量的设定。

本章将多元选择模型简化为二元选择模型，被解释变量 Y 定义为是否进行品牌收购决策。如果进行品牌收购，则 Y 取值为1；如果企业不进行品牌收购，则 Y 取值为0。解释变量的定义基本不变。由于样本企业都属于制造业，而且并购双方行业关联性很强，因此只选择上述影响因素作为模型的解释变量。各种影响因素的取值是根据项目组实地调查结果及案头调研所获得的企业背景资料而给出的得分。可以按矩阵形式定义模型为：

$$y = X\beta + \mu, \ y = 0, \ 1$$

此时将因变量与自变量作简单的线性回归是不正确的，因为一方面残差项有一些假定条件不能满足；另一方面 y 的拟合值也不可能限定在0和1之间。为解决这一问题，可采用如下定义：假设一个与 x 有关的指标变量 y^*，用 y^* 是否超过一个临界值决定 y 取1或0（如通常0作临界值，$y^* > 0$ 则 y 取1，$y^* < 0$ 则 y 取0），即建立模型：

$$y^* = X\beta + \mu$$

为了能对总体特征和对所考察事件发生的概率作量化分析，需考虑观察值的概率模型：

$$P(y_i = 1 \,|\, x_i, \ \beta) = P(y_i^* > 0)$$
$$= 1 - F(-x_i\beta)$$

这个概率值是自变量取一组值时 y 取1的条件概率。其中，F 是假设的残差项 μ 的分布函数，要求是连续的，其选择决定了二元选择模型的类型。于是要考察的是这一概率代替原有的因变量：

$$P(y_i = 0 \,|\, x_i, \ \beta) = F(-x_i'\beta)$$

在这里，我们选择 F 为 Logit 分布函数，相应的便是二元模型。

（二）基于中国企业跨国并购实践的实证检验

通过上述分析，下面利用 EViews 软件建立二元选择模型，并以中国企业 2000 年以来的跨国并购实践为样本进行实证检验。

1. 案例资料（见表 2 – 5）

本章所选择案例均为国内制造企业在 2000 年后发起的跨国并购案例；其中，包括了 2005 年联想收购 IBM 的 PC 业务、2008 年中联重科收购意大利 CIFA 公司等，及 2011 年海尔收购三洋电机的白色家电业务。

表 2 – 5　　　　近年中国制造企业跨国并购实例（2000 年后）

编号	并购方	被并购方	并购战略简要描述
01	卧龙电气	奥地利的 ATB	获得 ATB 品牌，市场互补
02	TCL 集团	美国的 Govedio 公司（DVD）	合资 51%，获得 20 个商标和 24 项专利
03	TCL 集团	法国汤姆逊彩电业务	获得 Thomson、RCA 品牌长期使用权
04	TCL 集团	法国阿尔卡特手机业务	获得 Alcatel 品牌的长期使用权
05	联想集团	美国 IBM 的 PC 业务	收购子品牌 ThinkPad 和 Think Center
06	联想集团	美国 IBM 的 PC 业务	获得 IBM 5 年品牌使用权
07	海尔集团	日本三洋电机的白电业务	收购三洋电机的 AQUA 品牌
08	万向集团	美国 UAI 公司	收购 UBP 品牌
09	万向集团	美国洛克福特	收购 RockFord 品牌
10	万向集团	美国轴承生产企业 GBC	获得完整营销网络
11	上汽集团	韩国双龙汽车	收购双龙汽车 48.92% 股权
12	上汽集团	韩国大宇汽车	收购大宇汽车 10% 股权，获得销售网络
13	上汽集团	英国罗孚汽车	获得 70% 股权和技术知识产权
14	雅戈尔	美国 XinMa 服装	100% 股权，获得业务、品牌、生产基地
15	雅戈尔	美国 Smart 服装	100% 股权，获得业务、品牌
16	京东方	韩国现代 TFT – LCD 业务	收购 TFT – LCD 所在研发机构
17	上海电气	德国沃伦贝格（重型车床）	53.6% 股权，获得 14 项专利技术

续表

编号	并购方	被并购方	并购战略简要描述
18	上海电气	日本秋山印刷机械厂商	收购高科技品牌 AIC，主打国内市场
19	上海电气	日本池贝机械	65% 股权，获得技术
20	中联重科	意大利 CIFA 公司	收购 CIFA 品牌，在国际市场实施双品牌战略，其中 CIFA 品牌面向欧美高端市场
21	上工申贝	德国杜可普·阿德勒缝纫商	整体收购 DA，包括品牌
22	蓝星集团	法国安迪苏集团（氨氨酸）	获得核心技术
23	蓝星集团	法国罗地亚（Rhodia）	收购 Rhodia 有机硅及硫化物业务
24	新疆中基实业	法国普罗旺斯食品公司	实现 100% 控股，延伸产品链，从原料制造领域进入终端食品的分销领域
25	格林柯尔	Gates 国际的法国汽车管件厂	获得 11 项专利永久使用权
26	格林柯尔	雷莱德产品设计公司	收购 LPD，获得研发技术
27	沈阳机床	德国希斯	100% 收购 Schiess
28	药明康德	美国 AppTec 实验室服务公司	获得生物服务产能及专业技术
29	华翔集团	英国劳伦斯汽车内饰件公司	获得 100% 股权，接管
30	珠江钢琴厂	德国 Rudisheimer	收购 Rudisheimer 品牌，主攻美国市场

资料来源：笔者基于调查资料整理而得。

2. 数据说明（见表 2－6、表 2－7）

表 2－6　　　　　　　　　　　数据样本分值

No.	Y（0，1）	T（10级）	e（比值）	R（3级）	S（5级）	M（10级）
01	1	7	0.6	1	2	7
02	0	7	0.7	1	2	7
03	0	7	0.6	1	5	7
04	0	7	0.6	1	4	7
05	1	9	0.3	1	3	10
06	0	9	0.3	1	2	10
07	1	7	0.7	2	4	6
08	1	8	0.7	2	5	6

续表

No.	Y (0, 1)	T (10级)	e (比值)	R (3级)	S (5级)	M (10级)
09	1	8	0.8	2	4	6
10	0	8	0.6	2	4	6
11	0	6	0.6	3	3	7
12	0	6	0.4	3	2	7
13	0	6	0.3	3	3	7
14	1	7	0.4	1	5	5
15	1	7	0.4	1	5	5
16	0	7	0.5	3	5	9
17	0	8	0.3	1	2	10
18	1	8	0.4	3	2	10
19	0	8	0.5	3	3	10
20	1	7	0.4	1	3	5
21	1	6	0.2	1	5	5
22	0	7	0.6	1	4	6
23	0	7	0.5	1	4	6
24	1	5	0.4	1	3	4
25	0	6	0.5	1	3	5
26	0	6	0.6	1	4	5
27	1	8	0.5	1	5	4
28	0	6	0.4	1	4	4
29	1	7	0.3	1	4	5
30	1	7	0.3	1	1	4

表 2－7　　　　　　　　　　　　相关指标说明

变量含义	变量名	变量取值说明
企业是否选择品牌收购策略	Y	收购品牌 Y＝1；不收购品牌 Y＝0
并购方品牌的市场影响力（或未来的成长性）	T	10 分制，最高分 10 分，分值越高，并购方品牌市场影响力越大
并购双方国际市场竞争力的对比（A 为并购方，B 为被并购方）	e	$e = EA/EB$
并购双方文化的同源性	R	分为 3 级（取值范围为 1, 2, 3）3 为最高级，即文化同源程度最高
并购双方品牌定位的一致性	S	分为 5 级（取值分为 1, 2, 3, 4, 5）5 为最高级，即双方品牌定位一致程度最高
并购方的资金实力	M	满分 10 分制，最高分 10 分，分值越高，即并购方资金实力越强

由于因变量只取两种情况，即企业是否做出品牌收购决策（若收购，y 取 1；若不收购，y 取 0），这是个二元选择问题。根据样本数据，建立的模型为：

$$Y^* = \beta_0 + \beta_1 \times T + \beta_2 \times e + \beta_3 \times R + \beta_4 \times S + \beta_5 \times M$$

3. 模拟结果

表 2-8 为在 EViews 中选择 Logit 模型的输出结果。参数估计结果的上部显示估计方法（ML），使用的样本数以及和迭代收敛有关的信息，用来计算系数协方差阵的方法等；下部显示估计结果，包括系数估计值（Coefficient）、渐近标准误差（Std. Error）、Z 统计量（z - Statistic）和相伴概率值（Prob.）及各种有关统计量。其中，LR 统计量（LR statistic = 11.84398）用来检验模型的整体显著性。从其相伴概率 Probability（LR stat）= 0.036989 可以得出，该模型整体显著。在此计量模型中，当 Probability < 0.05 时，则可以认为模型整体显著。其他系数的相伴概率值代表的含义同前。

表 2-8　　　　　　　　　　　　　二元模型输出结果

Dependent Variable：Y
Method：ML - Binary Logit
Sample：30
Included observations：30
Convergence achieved after 5 iterations
Covariance matrix computed using second derivatives

Variable	Coefficient	Std. Error	z - Statistic	Prob.
C	- 2.782026	4.112932	- 0.676409	0.4988
T	1.821563	0.776235	2.346664	0.0189
E	- 4.079971	3.198998	- 1.275390	0.2022
R	0.411210	0.687727	0.597927	0.5499
S	- 0.368330	0.593015	- 0.621113	0.5345
M	- 1.172219	0.533278	- 2.198140	0.0279
Mean dependent var	0.466667	S. D. dependent var		0.507416
S. E. of regression	0.454169	Akaike info criterion		1.387047
Sum squared resid	4.950468	Schwarz criterion		1.667287
Log likelihood	- 14.80571	Hannan - Quinn criter.		1.476698
Restr. log likelihood	- 20.72770	Avg. log likelihood		- 0.493524

Variable	Coefficient	Std. Error	z – Statistic	Prob.
LR statistic（5df）	11. 84398	McFadden R – squared		0. 285704
Probability（LR stat）	0. 036989			
Obs with Dep = 0	16	Total obs		30
Obs with Dep = 1	14			

根据 EViews 中 Logit 模型（含常数项）的输出结果，可以得出如下等式：

$$Y = -2.782026 + 1.821563T - 4.079971e + 0.411210R - 0.368330S - 1.172219M$$
$$(0.4988) \quad (0.0189) \quad (0.2022) \quad (0.5499) \quad (0.5345) \quad (0.0279)$$

从系数的相伴概率看，估计结果不是特别精确，但依然可以得出影响因变量的程度依次为 S、T、M、e、R。我们把这一数据放回自变量含义予以讨论，可得出，影响企业作出品牌收购决策的最主要因素为并购方品牌的市场影响力（成长性）和并购方企业的资源条件，其他因素依次为并购双方企业在国际市场上竞争力的对比、并购双方品牌定位的一致性以及文化的同源性。

4. 检验结果

这里，采用拟合优度检验，EViews 提供了 Hosmer – Lemeshow 检验和 Andrews 检验。零假设为拟合完全充分，检验的思路是通过分组比较拟合值和实际值，如果这种差异很大，就可认为模型拟合不充分。如表 2 – 9 所示，从检验输出结果看，根据相伴概率值，可认为模型拟合精度较高。

表 2 – 9　　　　二元模型检验

Andrews and Hosmer – Lemeshow Goodness-of – Fit Tests

Grouping based upon predicted risk（randomize ties）

	Quantile of Risk			Dep = 0		Dep = 1	Total	H – L
	Low	High	Actual	Expect	Actual	Expect	Obs	Value
1	0. 0381	0. 1076	3	2. 76937	0	0. 23063	3	0. 24984
2	0. 1367	0. 1817	2	2. 53314	1	0. 46686	3	0. 72106
3	0. 1853	0. 2273	2	2. 39252	0	0. 60748	3	0. 76173
4	0. 2327	0. 2560	2	2. 27144	1	0. 72856	3	0. 13357
5	0. 2670	0. 3900	2	1. 98288	1	1. 01712	3	0. 00044

	Quantile of Risk			Dep = 0		Dep = 1	Total	H - L
	Low	High	Actual	Expect	Actual	Expect	Obs	Value
6	0. 4585	0. 5100	1	1. 53855	2	1. 46145	3	0. 38698
7	0. 5843	0. 6989	2	1. 03446	1	1. 96554	3	1. 37552
8	0. 7072	0. 7399	0	0. 81299	3	2. 18701	3	1. 11522
9	0. 7773	0. 8608	1	0. 52187	2	2. 47813	3	0. 53030
10	0. 8994	0. 9837	0	0. 14277	3	2. 85723	3	0. 14990
	Total		16	16. 0000	14	14. 0000	30	5. 42454
H – L Statistic:		5. 4245				Prob [Chi – Sq (8df)]:		0. 7114
Andrews Statistic:		14. 4466				Prob [Chi – Sq (10df)]:		0. 1536

五、公司品牌与产品品牌关系的处理

公司品牌反映企业的整体经营状况和市场竞争力，如果企业整体经营管理水平高、竞争力和可持续发展能力强，且社会责任绩效好，则公司品牌价值高；反之，则公司品牌价值就低。产品品牌主要反映某类或某些产品在市场上的表现，产品品牌价值则主要取决于该品牌产品满足市场需求的能力、产品的市场竞争地位、产品盈利能力和创新能力等。企业品牌一般不用进行市场推广，因为它主要不是面向市场，而是面向员工、供应商、银行和政府等利益相关者。而产品品牌是必须要面向市场的，必须进行市场推广并树立一定的市场形象（顾客感知）。

公司品牌与产品品牌之间是相互促进、相辅相成的关系。一方面，产品品牌是企业品牌的基础和条件，企业品牌随产品品牌的成长而成长，也就是说没有产品品牌的企业品牌是不存在的；另一方面，企业品牌则为产品品牌积累着价值，企业品牌的不断成长为企业更多的产品创造着更多的机会。公司品牌不但能带动产品的销售，还对产品品牌起"背书"作用。吴水龙、卢泰宏（2009）研究认为，公司品牌比产品品牌对顾客购买意向的正向影响更为显著，即顾客的购买决策主要依赖"从公司到产品"的思维模式；因此，企业在品牌战略规划中，应该优先建设公司品牌，突出和强化公司品牌战略。

在跨国并购后的品牌整合方案设计中，企业必须处理好公司品牌与产品品牌的关系。例如，联想收购了 ThinkPad 后，如何处理 ThinkPad 与 Lenovo 的关系，是建立母子品牌关系，还是兄弟关系？或者是在二者之间不建立关系，而是建立隔离带？可以作如下的分析：如果 Lenovo 是企业品牌，那么 ThinkPad 与公司生产的其他产品在定位关系上相对容易处理；但如果 Lenovo 既是企业品牌又是产品品牌，还要看 ThinkPad 与 Lenovo 的定位是否有差异。如果 ThinkPad 与 Lenovo 定位明显不同，最好建立"兄弟"关系。但从目前情况看，由于 Lenovo 既是企业品牌又是产品品牌，因此，ThinkPad 与 Lenovo 的关系就不好处理了。由此看出，对于作为收购方的联想集团，首先要解决一个问题，即 Lenovo 是企业品牌还是产品品牌？而该问题的解决，关键是要明确企业品牌与产品品牌是否要隔离开来。与联想收购 ThinkPad 之后的策略不同，吉利在收购沃尔沃汽车后，则明确提出，吉利与沃尔沃之间是"兄弟"关系。

企业品牌与产品品牌是否隔离开来，要考虑哪些因素？企业品牌与产品品牌隔离开来的最大好处是便于进行资本运作，而且是以品牌为中心的资本运作。是否要隔离，至少要考虑以下因素。

（一）企业业务组合特征

如果企业经营的业务数量比较少，甚至是专业化经营，则企业品牌与产品品牌可以是一体的，这是因为品牌的经营状况基本上也就反映了企业的整体经营情况，品牌文化与企业文化完全一致。例如，"格力"既是空调产品品牌，也是格力电器企业品牌。如果企业经营的业务数量比较多，同时涉及多个行业领域，甚至是无关联的行业，那么，企业品牌与产品品牌分隔开来，则对于不同产品品牌的业务运作较为有利。

（二）企业目标市场的分布

如果企业有多个目标市场，包括海外目标市场，而且不同市场经营环境和需求差异明显，则可以采取企业品牌与产品品牌分隔开来的做法，这样有助于企业在不同市场采取差异化的营销策略和竞争策略，即不同品牌覆盖不同的目标市场，并培育不同的个性，以更好地满足不同市场差异化的需求。

（三）企业所处行业

对于工业品生产企业和大多数的服务业企业来说，由于企业往往直接与用户打交道（人员推销是主要的沟通、传播方式）而不必经过太多的中间环节，而用户也能容易地获取企业经营状况和产品质量的信息，因此，企业品牌与产品品牌一体化运作不会遇到太多障碍。而对于大多数的消费品制造业企业来说，一方面，企业经营范围或产品线往往较多，而不同产品线又往往具有不同的特色；另一方面，企业与市场之间往往有几个中间环节，消费者更关注产品本身而不是企业；因此，企业品牌与产品品牌分隔开来，有助于不同产品在不同市场的运作。例如，宝洁、联合利华等企业都是这方面的成功典范。但从目前来看，我国消费品制造企业绝大多数企业都还处于企业品牌与产品品牌一体化运作的阶段，这说明我国企业品牌管理也还处于初级阶段。目前海尔、联想等一批企业采取了主副品牌策略，这其实说明企业已经认识到将企业品牌与产品品牌分隔开来的重要性。

（四）企业生命周期阶段

在企业生命周期的初创期，由于企业自身资源条件往往较为薄弱，企业品牌与产品品牌一体化运作一般效率较高，市场在认识品牌的过程中也认识了企业。随着企业的发展，企业规模不断扩大，市场范围和业务范围不断扩张，自身资源条件不断丰富，这时将企业品牌与产品品牌分隔开来，既有利于企业的资本运作和战略调整，也有利于产品品牌的市场运作和可持续发展。

专栏2-2

联想低估整合摩托罗拉难度①

2014年10月，联想花费29亿美元从谷歌手中买下摩托罗拉移动公

---

① 资料来源：根据企业调研所获资料整理而得。

司。联想预复制 PC 的成功，但从目前看，结果不甚理想。

2014 年的摩托罗拉早已经失去王者地位，全球市场份额早已少到可怜的地步。即便在美国本土，摩托罗拉占有率也很低。在完成对摩托罗拉的并购后，联想坚持要求摩托罗拉重新进入中国市场。在中国市场，联想和摩托罗拉作为两个独立的品牌运营：摩托罗拉主攻高端市场，而联想专注于中低端市场。联想认为，摩托罗拉在 21 世纪初曾历经全盛时期，直到今天仍有不少忠实粉丝。

2015 年 1 月，摩托罗拉重返中国市场。但联想并未在营销方面大力投入，而是将赌注压在"摩托罗拉情怀"。联想还模仿小米的策略，只在线上销售摩托罗拉手机。然而，年轻的移动终端用户对摩托罗拉的兴趣并不大，此外用户也被其高昂的定价打消了购买欲。据 IDC 估测，2015 年摩托罗拉在中国市场的出货量仅为 20 万部左右。摩托罗拉品牌的高端定位使得本来在中高端市场就表现不佳的联想 Vibe 品牌难免受到挤压，进而将用户对 Lenovo 品牌的认知度不断下压。2016 年联想智能手机的出货量同比下跌了 26%，全球出货量排名已经跌出前五，特别是中国市场和北美市场下滑严重。

2016 年 3 月，时任摩托罗拉总裁奥斯特罗离职。他的离职也宣告了摩托罗拉高管离职潮的开始。截至 2016 年年底，联想已裁减摩托罗拉员工超过 2000 人。

联想的国内渠道，摩托罗拉已经用起来了；但是，摩托罗拉的海外渠道，联想有没有用起来呢？或者，在国际市场，摩托罗拉品牌能否重塑辉煌？

六、我国企业国际化进程中的品牌战略变迁路径

跨国并购中品牌资源整合方案的设计要从纵向、横向、时间和空间四个维度进行设计。其中，纵向维度强调的是并购与整合的系统性和计划性，任何资源的整合都必须在并购前开始。横向维度强调的是整合的范围及重点，即并购双方在并购前就要确定并购整合涉及哪些业务、哪些资源、哪些制度，并确定哪些业务和资源是整合的重点。空间维度则强调的是资源如何在不同组织之间进行转移和重新配置。而时间维度强调的则是资源整合的节奏和时机的把握。

随着企业国际化进程的推进，企业自身资源条件和面对的竞争环境会不断发生变化，这要求国际品牌战略也应随之进行调整。因此，在跨国并购中，企业品牌资源整合将是一个长期的过程。在此过程中，企业应把握好品牌战略调整的节奏和时机，以推动品牌国际化进程（在主流国际市场建立品牌资产的过程）健康地向前发展。

贴牌、品牌租赁、收购品牌、推广自主品牌是我国企业在国际化初期采取的四种基本品牌战略，随着企业国际化进程的推进，企业拥有的国际市场知识不断积累、国际营销管理能力和国际市场影响力不断增强，因此，企业应对国际品牌战略适时调整，并最终树立起自主的国际品牌。概括起来，我国企业国际化进程中的品牌战略变迁路径主要有以下几种。

（一）变迁路径之一

贴牌或品牌租赁→贴牌、品牌租赁与自主品牌并存→收购合作品牌并统一使用自主名牌（或多品牌共存），如图2-3所示。这是中小企业可以选择的国际品牌战略的变迁路径。

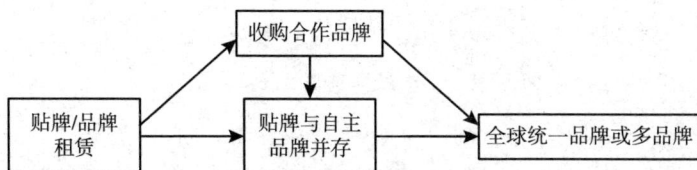

图2-3 国际品牌战略变迁路径之一

我国许多企业是通过贴牌方式进入国际市场并了解国际市场需求的，包括格力、TCL、格兰仕等这些已经拥有一定国际影响力的知名企业。通过贴牌，不仅企业生产的产品源源不断进入了国际市场，而且企业资金实力和国际市场知识不断积累，企业获取国际市场需求信息和开发国际产品的能力也不断增强。所以，当企业实力提升到一定水平时，就有条件对国际品牌战略作出调整了。

调整的方向有两种。一是当海外中间商和消费者对本企业有了相当认识后，逐步推出自己在国内市场使用的自主品牌。当然，一开始可以是贴牌与自主品牌共存。最后，当海外市场完全在自己控制之下时，放弃贴牌，统一使用自己的品牌。例如，伴随格兰仕的国际化发展，在格兰仕的出口产品总量中,自主品牌与 OEM 之比不断上升,从 1∶9 到 3∶7 再到现在的 5∶5,格兰仕品牌的国际知名度不断上升。依照这样的发展速度,格兰仕完全可以摆脱对外商品牌的依赖,统一使用其自主品牌了。2013 年,格兰仕自主品牌开始在北美市场推广。

二是当自己有了相当的资金实力时,把曾与企业有贴牌合作的品牌收购过来,成为自己旗下的拥有控制权的自主品牌。例如,万向集团收购美国舍勒公司、欧洲 AS 公司都是这样的做法。这两家公司曾经都是万向集团的海外经销商。当然,企业在收购了合作品牌后,可以选择继续使用这些品牌,也可以选择放弃它们,转而使用自己的品牌。

(二) 变迁路径之二

收购当地品牌→收购品牌与自主品牌并存→统一使用自主名牌,如图 2-4 所示。这是实力雄厚但国际营销经验少的大企业可以选择的国际品牌战略变迁路径。

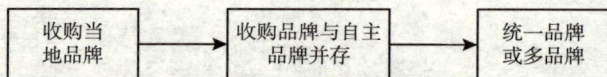

图 2-4　国际品牌战略变迁路径之二

当企业对某个海外市场不熟悉时,收购当地品牌是许多企业首选的品牌战略。但收购当地品牌,并不意味着企业永远使用该品牌。企业收购当地品牌的目的,是为了利用该品牌背后的销售渠道、客户忠诚和市场知识等战略资源,在加快市场进入步伐的同时,降低市场进入成本。因此,当企业对这些资源具有了相当的控制力或培育了类似的新资源后,企业就可以对品牌战略做出调整。

调整的方向是:自主品牌逐步渗透进来,一定时期内收购品牌与自主品牌可能并存,或面对不同的细分市场;然后,逐步放弃收购品牌,最终统一使用自主品牌。例如,SIMENS 在进入中国市场时,收购了中国的扬子冰箱,但在使用了不长的时间后,就放弃扬子品牌,并推出了自己的品牌,同样的情况还发生在伊莱克斯等跨国公司身上。

对于中国企业来说,还有另外一种特殊的调整方向,即在收购国外品牌后,利用自主品牌在国内市场的分销网络优势,把国外品牌引入国内市场，进而在国内市场形成双品牌或多品牌格局，当然，不同品牌应面向不同的细分市场以避免内部竞争。例如，双汇在收购美国的 Smithfield 品牌后，利用其在国内市场的分销网络优势，将 Smithfield 品牌产品推向国内消费市场，并主要面向中高收入家庭。

（三）变迁路径之三

贴牌＋创牌→逐步放弃贴牌→统一使用自主名牌（见图 2-5）。这是国际营销经验少的大中型企业可以选择的国际品牌战略变迁路径。

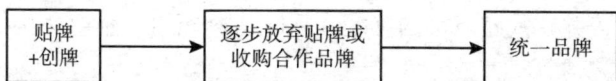

图 2-5　国际品牌战略变迁路径之三

以格力、青岛双星、康佳为代表的一批企业，在国内市场上已有相当的影响力，但其所掌握的国际市场知识还非常少，国际营销能力薄弱。这些企业在进入国际市场时选择了"贴牌＋创牌"的"中间"模式，即进入发达国家市场的产品一般采用贴牌的做法，而进入非洲、独联体和东南亚国家市场的产品，则使用企业自主品牌。前一种做法有助于企业尽快积累国际市场知识，收回现金，并且风险小；后一种做法则有利于扩大企业自身知名度和国际市场影响力，为将来创立全球知名品牌奠定基础。

这些企业国际化经营的最终目标是树立起自己的国际名牌，所以贴牌的目的主要是为了了解国际市场，增强国际营销能力，是一种过渡策略。随着企业国际营销能力的增强和国际知名度的逐步扩大，企业会很快地收缩贴牌的比例并最终放弃贴牌，在全球范围内统一使用自己的国际名牌，如格力电器。企业何时放弃贴牌业务，这主要是看企业核心能力的变化，特别是市场开发能力和研发能力的提升情况。在具备条件时，这些企业也可能收购那些有贴牌合作关系的海外品牌，但收购的目的主要是为了控制品牌背后的客户网络、顾客忠诚等战略资源，并不是为了保留和使用这些品牌，如同西门子收购了"扬子"后很快又放弃一样，最终是要树立起自己的国际名牌的。

七、结论和启示

（1）中国企业"走出去"、开展国际化经营是一个不断探索、汲取经验和培育核心竞争能力的过程，企业应根据自身的战略目标、自身资源条件（尤其是对国际名牌的支撑能力）、所处行业特征、双方品牌国际市场影响力对比等因素逐步推进跨国并购中的品牌资源整合，最终树立企业自主的国际品牌。跨国并购中的品牌整合方案的设计要从纵向、横向、时间和空间四个维度进行设计，尤其是在并购前就要对双方进行系统的品牌考察，内容涵盖并购战略目标的确定、品牌结构规划、企业文化扫描及双方品牌强度的评估等。

（2）由于中国企业发起的跨国并购大都属于"蛇吞象"式并购，并购后保持外国强势品牌的原汁原味和独立性，维持强势品牌被并购前的名称和定位，是适合"蛇吞象"式并购的品牌整合方式。为了弱化跨国并购事件对所收购强势品牌的负面冲击，并购方企业应保持与当地公众的持续沟通，提高消费者对并购后强势品牌的真实性感知，并积极开展"示弱营销"以获得品牌价值认同。

（3）由于中国企业普遍处于国际化初级阶段，自主品牌的国际影响力也较差，因此选择品牌租赁或多品牌战略这种渐进的方式可能适合更多的中国企业。值得注意的是，在品牌租赁方式下，企业要不断提高国际品牌管理能力，要对所租赁的品牌进行必要的市场维护和重塑，并逐步建立起企业与品牌之间的"联想"；经过长期的融合后，在适当的时候再收购过来，使其成为自主品牌。

品牌收购是较为激进的并购方式，但由于东西方文化存在着较大差异，加上企业自身资金实力和品牌运营能力的限制，必然会遇到许多的阻力和障碍（如联想的"安全门"事件），而且还可能导致所收购品牌价值的流失。对于多数中国企业来说，应慎用收购产品品牌的做法。

（4）在跨国并购后的品牌资源整合方案设计中，企业必须处理好公司品牌与产品品牌的关系。目前，我国大多数企业还处于公司品牌与产品品牌一体化运作的阶段。公司品牌与产品品牌是否隔离开来，至少要考虑以下因素：企业业务组合范围、企业所处行业特征、企业国际目标市场分布、企业国际化进程等。搞清楚企业要跟哪些利益相关方打交道，是处理好该问题的一个基本的切入点，因为，企业品牌与产品品牌隔离开来的最大好处是便于进行资本运作，而且是以品牌为中心的资本运作。此外，由于公司品牌对产品品牌起着重要的"背书"作用；因此，在跨国并购后，在国际市场上公司应加强公司品牌的宣传推广。加强公司品牌的宣传推广，有助于削弱消费者民族中心主义的负面影响。

参考文献：

［1］Agrawal A，Jaffe J F，and Mandelker G N. The Post-merger Performance of Acquiring Firms：A Re-examining of an Anomaly［J］. The Journal of Finance，1992，47（4）：1605－1621.

［2］Batra R，Ramaswamy V，Alden D L，and Steenkamp J B. Effects of brand local/nonlocal origin on consumer attitudes in developing countries［J］. Journal of Consumer Psychology，2000，9（2）：83－95.

［3］Jaju A，et al. Consumer evaluations of corporate brand redeployments［J］. Journal of the Academy of Marketing Science，2006，34（2）：206－215.

［4］Lee H M，et al. Brand image strategy affects brand equity after M&A［J］. European Journal of Marketing，2011，45（7/8）：1091－1111.

［5］姚鹏、王新新、靳代平：《"蛇吞象"式并购条件下的品牌管理研究述评与展望》，载《外国经济与管理》2015年第2期，第51～58页。

［6］［美］亚里山大·里德·拉杰科斯：《购并的艺术：整合》，中国财政经济出版社2001年版。

［7］王海忠、陈增祥、司马博：《跨国并购中品牌重置策略对新产品评价的影响机制研究》，载《中国工业经济》2011年第11期，第100～108页。

［8］郭锐、陶岚、汪涛、周南：《民族品牌跨国并购后的品牌战略研究——弱品牌视角》，载《南开管理评论》2012年第3期，第42～50页。

［9］孙晓强、苏勇：《中国企业品牌国际化的路径选择》，载《经济管理》2007年第1期，第6～10页。

［10］董惠梅：《基于国际化阶段理论的中国企业品牌国际化过程研究》，载《经济与管理研究》2007年第4期，第74～82页。

［11］纪秋颖、陈春慧：《品牌国际化现状和发展模式》，载《中外企

业家》2007 年第 2 期，第 78～82 页。

[12] 汪涛、崔楠、夏鸿儒：《跨国并购情境下东道国消费者对目标企业品牌态度研究——基于消费者民族中心主义视角》，载《中国地质大学学报（社会科学版)》2012 年第 4 期，第 66～74 页。

[13] 吴水龙、卢泰宏：《公司品牌与产品品牌对购买意向影响的实证研究》，载《管理学报》2009 年第 1 期，第 112～117 页。

第三章

企业跨国并购中的渠道整合

企业跨国并购整合不仅涉及到对有形资源的整合，也包括对企业文化、品牌、客户关系和渠道资源等无形资源的整合。由于受到不同国家或民族文化、政治背景、经济状况等条件的影响，跨国并购整合的复杂程度会远远高于国内企业间的并购整合。同时，由于中国企业在国际产业链中长期处于生产、加工、制造的低端位置，真正参与国际间企业并购的经验比较少，品牌资产也弱于欧美甚至日韩的许多企业，造成市场中"蛇吞象"、"穷小子取洋媳妇"的说法层出不穷。这样的现状使中国企业在跨国并购整合中长期处于弱势、妥协的地位；当然，盲目的激进式整合而忽略并购双方企业在众多层面上的差异，也会对整合进程产生负面的影响。作为整合内容的一个重要方面，跨国并购渠道整合受种种复杂的因素影响，渠道整合很难达到预期的效果，造成渠道资源流失并影响国际市场扩展。同时，渠道整合表现出不同于其他无形资源整合的一些特点。本章主要结合实际案例，分析企业跨国并购渠道整合的影响因素及整合策略的选择问题。

企业跨国并购渠道整合并非独立的过程，而是与企业战略相适应的企业跨国并购整合计划的一个模块，渠道整合的成败受到渠道资源特性的影响，也受到其他要素整合进度与成效的影响。在探讨跨国并购渠道整合策略选择问题的过程中，本章主要选择了渠道的战略适应性和渠道资源的同质性两个特性进行分析；同时，重点讨论了品牌整合对渠道整合策略选择的影响。

在实证分析阶段，本章选取了我国企业为并购主体的三个典型并购案例，以多案例比较的方式分析了案例企业在跨国并购渠道整合中采用的策略以及产生的不同影响和业绩。本章希望通过案例研究，总结我国企业跨国并购整合的经验和教训，阐明渠道整合策略的适用性，提出加强渠道整合管理的措施建议，对未来意图参与国际市场角逐、实施跨国并购战略的我国企业提供理论和方法的参考。

关键词：跨国并购；分销渠道；渠道整合；策略选择；渠道结构

一、问题提出

跨国并购，通常是指企业通过收购的方式取得另一国家企业的产权，以此获得该企业的法人资格；或者企业通过购买另一家企业的债权、股票以得到其多数资产与股权，进而获取其控制权的一种经济行为。跨国并购是企业在短期内实现快速扩张、发展壮大的重要途径。一般来说，跨国并购的动因主要是为了获取战略性资源，例如：先进的技术与管理经验、国外市场知识、渠道资源、客户关系资源、保障生产原料供应（矿和石油等资源类产业）等。

（一）研究背景

在经济全球化的背景下，我国企业国际化和全球化正当其时。伴随着市场的开放和"走出去"战略的加快实施，跨国并购领域不再是"国企巨人"一枝独秀，越来越多的民营企业也倾向于使用此种方式，以期提高自身的核心竞争能力，并在国际市场上获得一席之地。有一些学者认为，2001 年是中国企业跨国并购的"元年"，因为在这一年中国正式加入WTO。现实中，并购可以是一扇使企业获得非凡成长的大门，也可以是将本可盈利的企业拖下水的铁锚。无数企业的实践证明：跨国并购是一把"双刃剑"。迄今为止，整个世界已经处于第五次并购浪潮之中，跨国并购在成就了当今世界一流企业的同时，也使众多企业陷入了并购误区和陷阱。目前，我国企业的跨国并购主要呈现为数量快速增长与失败率居高不下的矛盾情形。

1. 跨国并购已经成为我国企业对外投资和开展国际化经营的重要方式

从整体上看，我国企业跨国并购的数量、规模、涉及金额受到全球经济形势的影响。受到 2008 年开始的全球金融危机的影响，许多外国企业的市值和运营绩效都遭到极大挑战，一些经营不善的企业面临破产或被吞并的命运，某些经营不善的业务部门也被分割出去。许多中国企业认为这是获取优质资产、实现扩张的有利时机；这种想法刺激了中国企业走出国门，展开大规模的跨国并购。从 2008 年起，我国企业的海外并购操作从数量上和涉及金额上都呈现不断上升的趋势（清科数据库，2012）。

如图 3 - 1 所示，自 2004 年有统计数据起，中国企业以跨国并购方式实现的对外直接投资的流量和存量额一直呈现上升趋势。

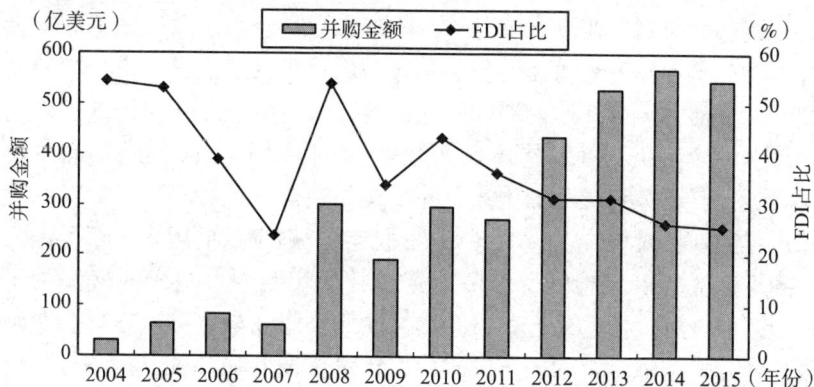

图 3 - 1　2004 ~ 2015 年中国对外直接投资并购金额及占比

资料来源：《2015 年度中国对外直接投资统计公报》，商务部官网。

2. 中国企业跨国并购绩效不理想

跨国并购是一项复杂的经济活动，整个活动涉及到的问题和环节较多。对跨国并购企业而言，遇到的障碍主要是：严格的并购审查、陌生的法律环境、与被并购企业协调和沟通困难以及文化障碍等常规障碍。当然，作为一项风险与收益并存且风险极高的商业操作，跨国并购的失败并不只是发生在中国企业身上。但是，作为中国企业，除了需要克服常规障碍之外，还需要克服一些非常规性障碍，如市场身份认同问题及并购的动机和动力问题。即便克服了并购前期的诸多困难，许多企业仍难以在并购整合过程中游刃有余。许多企业对并购整合的重要性认识不足或规划不完善，并因此折戟跨国并购操作。

诸多研究表明，中国企业跨国并购绩效并不理想（倪中新等，2014；林季红、刘莹，2013）。出现这种现象的原因很复杂，诸如：中国企业对于国际竞争挑战的理解相对有限，故而不擅长事前分析，所以不能很好地了解即将并购的目标企业；不擅长将海外文化与自己企业的文化融合起来，在并购交易及整合过程中受到工会的阻挠；国际型管理人才缺乏；不擅长运用专业的咨询帮助等。

3. 关于渠道及相关资源整合的研究有待加强

关于跨国并购整合的研究在中国起步较晚，但在国外已经有不少的理论成果。以往的大多研究主要呈现以下几个特点：（1）作为跨国投资理论和企业战略理论的重要组成部分，并购理论同样起源于欧美。我国学者的研究也展现出管理理论研究的特点，即采用对西方理论成果进行检验和修正的方式结合中国传统理论展开研究，但基于中国企业并购实践的理论构建仍较少。（2）关于并购整合的研究内容并不全面。以往的并购理论研究往往对各种资源进行泛泛的论述，除了文化整合外，对其他无形资源整合的深入研究则相对较少。（3）学者们对影响并购绩效的因素进行了深入细致的剖析，事实上却难以反映中国企业并购实践的全貌；一般偏重于财务、会计和金融方面的研究，从并购协同或资源优势转移视角对企业跨国并购整合方式和整合绩效的研究较少，针对"弱并强"式并购条件下的无形资源整合研究则更少。（4）关于渠道整合理论研究多集中在用平衡记分卡为工具分析渠道成员表现，而对并购整合本身的研究相对浅显。因此，有必要构建针对中国企业并购特点的理论分析框架，并深入研究中国企业在"弱并强"式并购条件下的并后整合策略或整合管理思路。本章旨在构建中国企业跨国并购渠道整合战略分析框架，弥补企业并购研究中对渠道这一具有独特特性和战略重要性的资源的研究不足。

（二）研究内容

在跨国并购中，并购方可以通过实施并购获得各种市场资源，包括品牌、国际市场知识、客户关系、销售渠道等资源。分销渠道是极其重要的企业资源，是营销组合4P要素之一。近年来，企业获取持续竞争力更加困难，中间商尤其是零售商的渠道权力日益增长，厂商越来越将渠道网络看作是一项战略性资产，渠道决策对企业的市场表现具有战略性意义，正所谓"得渠道者得天下"。渠道竞争是市场经济和时代发展的必然。

在现代企业的价值链结构中，渠道成本约占到行业商品和服务零售价格的 15% ~40%。随着市场竞争态势的变化，分销渠道发挥作用的环境、渠道系统本身、与之直接打交道的用户、供应商、经销商、零售商也处于变化之中。同时，原有渠道的结构和关系也凸显出各种问题，尤其是管理体制不健全，各个分销渠道之间和渠道内部信息不能有效共享，渠道冲突日益加重，致使分销渠道的有效性和效率受到影响。这说明针对分销渠道的改善和发掘还有很大的余地。渠道整合，在整个并购整合的过程中占有重要的位置，渠道管理能力的强弱直接影响着企业盈利能力的大小，毕竟对企业行为的评价而言，经济性指标仍旧是最主要的标准。

为了挖掘分销渠道潜力、提升企业并购后渠道整合的有效性，有必要对渠道整合模式进行深入的研究。本文研究目的在于并购企业如何对渠道系统进行有效的整合工作，以渠道理论、系统理论和战略中心型组织理论和相关方法为分析研究的理论基础，在分析比较国内企业跨国并购渠道整合实践的基础上，构建出适合跨国并购企业的可行的渠道资源整合方式，并通过实际案例加以论证。对此，本章的主要研究内容如下。

1. 渠道资源特性分析

从渠道资源的基本特性入手，分析渠道资源的特性及渠道资源与特定企业情境，包括企业品牌战略、企业客户关系管理战略、企业整体文化环境等的关系，并分析企业组织情境对渠道整合的影响。

2. 跨国并购中的渠道整合策略及选择

在现实情况中，影响企业渠道整合策略选择的企业自身和外部因素很多，例如企业特性、产品特征、生产特性或企业的渠道创新能力，又如中国企业在面临复杂的国际政治经济环境和异质文化时的接受和适应能力。在众多的影响因素中，企业的品牌战略选择对渠道整合策略的影响较为突出。

3. 构建企业跨国并购渠道整合模型

企业跨国并购渠道整合策略是企业总体战略的重要组成部分，实施企业跨国并购渠道整合必须保证企业战略的一致性；同时，要了解企业自身和目标企业的渠道资源特质；进而根据战略适应性与渠道资源特质选择适合企业的跨国并购渠道整合策略。

（三）研究思路和方法

研究思路如图 3 - 2 所示。

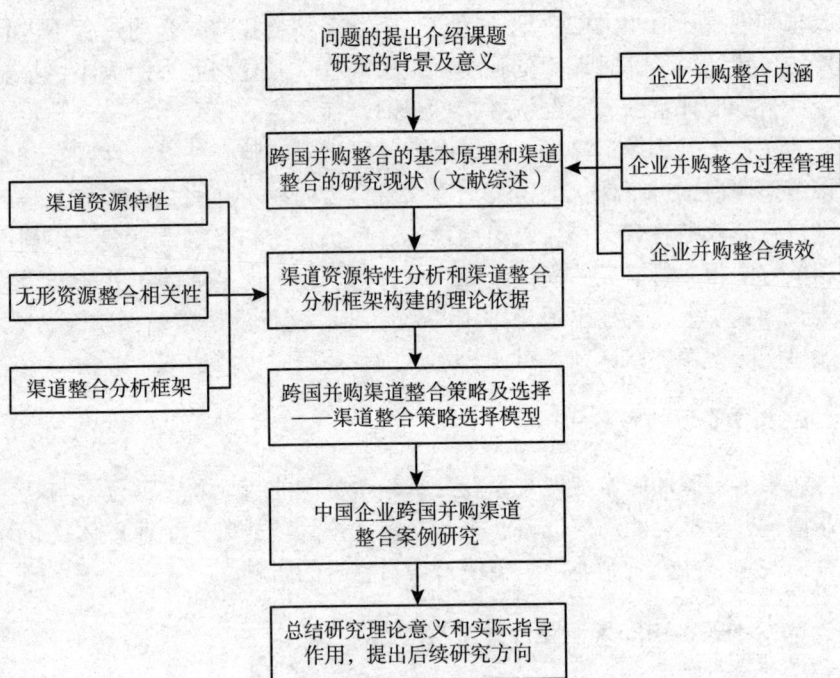

```
                    ┌─────────────────────┐
                    │  问题的提出介绍课题  │
                    │  研究的背景及意义    │
                    └─────────────────────┘                    ┌─────────────────┐
                              │                              ┌──│ 企业并购整合内涵 │
                              ↓                              │  └─────────────────┘
                    ┌─────────────────────┐                 │
                    │ 跨国并购整合的基本原理和渠道 │          │  ┌───────────────────┐
                    │ 整合的研究现状（文献综述） │─────────┼──│ 企业并购整合过程管理 │
                    └─────────────────────┘                 │  └───────────────────┘
┌───────────────┐             │                             │
│ 渠道资源特性  │             │                             │  ┌─────────────────┐
└───────────────┘             ↓                             └──│ 企业并购整合绩效 │
                    ┌─────────────────────┐                    └─────────────────┘
┌───────────────────┐ │ 渠道资源特性分析和渠道整合 │
│ 无形资源整合相关性 │→│ 分析框架构建的理论依据 │
└───────────────────┘ └─────────────────────┘
                              │
┌───────────────┐             ↓
│ 渠道整合分析框架 │         ┌─────────────────────┐
└───────────────┘           │ 跨国并购渠道整合策略及选择 │
                            │ ——渠道整合策略选择模型 │
                            └─────────────────────┘
                                      │
                                      ↓
                            ┌─────────────────────┐
                            │ 中国企业跨国并购渠道 │
                            │ 整合案例研究        │
                            └─────────────────────┘
                                      │
                                      ↓
                            ┌─────────────────────┐
                            │ 总结研究理论意义和实际指导 │
                            │ 作用，提出后续研究方向 │
                            └─────────────────────┘
```

图 3 - 2　跨国并购中渠道整合研究思路

　　本章将采用文献研究、案例研究、比较研究等研究方法。其中，作为一种实证研究，案例研究的一个重要作用在于能够服务于新理论的构建，案例研究方法既不是资料收集技术，又不是仅限于设计研究方案本身，而是一种全面的综合性研究思路，能够对同类企业的实际业务操作提供比较好的借鉴作用。

　　文献研究主要回顾和梳理国内外对于跨国并购整合的研究成果，归纳形成企业跨国并购渠道整合问题研究的理论基础。在比较研究方面，本章通过对大企业跨国并购渠道整合经验的系统总结，为其他企业提供借鉴。进行有效的企业案例比较研究，必须满足的必要条件包括：建立一个概念框架，注意案例之间的可比性，明确地表述目标，结论的恰当性。为满足比较研究的基本要求，在案例的甄选方面，本章主要选择了在企业跨国并购动因方面具有一致性的几个企业，以期分析我国企业近几年跨国并购实践中遇到的并购整合问题，阐明渠道整合策略的适用性。

二、相关理论研究综述

国外学术界已经通过不同的学科和多样性的理论对并购活动进行了研究。相比之下，国内学者对于跨国并购整合的研究起步较晚，这同中国企业参与跨国并购实践的开始时间滞后于西方国家有关。但是，近年来，随着中国企业走出国门，实施跨国并购的案例数量增多，国内学术界对跨国并购整合的研究也逐渐重视起来。尽管文献非常宽泛，一些研究也已经尝试去填补现有研究的空隙，但是关于并购整合的研究仍然存在不足之处。本节中，我们将对目前国内外比较流行的并购整合理论进行梳理和分析。

（一）关于企业跨国并购整合

1. 企业并购整合内涵

"整合"这一概念在国内外受到越来越多的重视并得到广泛使用，但对其含义的解释尚不明晰和统一。通常来讲，并购是指一个公司对另一个公司实施兼并或收购活动；整合，是指调整企业的组成要素使其融为一体的过程。并购整合主要是指将并购公司与目标公司（有时可以包括多个企业）组合为一体，接受统一的企业战略指导，由共同所有者拥有的理论与实践。李显君（2003）认为，"整合"一词是由英语的两个联合词"Reconstruction And Integration"翻译而来，其内涵包括"重构"和"一体化"两层含义，是对事物的结构进行重构并形成新结构的一体化过程；芮明杰（2003）认为，所谓整合就是将组织中各成员、各部门的活动综合并协调一致的过程。

综上所述，"整合"一词应包含以下几层含义：第一，几个独立的组织机构结合成一个整体，并将众多各自分散的要素或部分组合到一起；第二，完善原有体系中不完善或不协调的部分；第三，对原有各因素不相容的部分进行调整，使其相互协调，最终实现各因素对实现组织总体目标的合力。

"并购后整合"（Post – Merger/Post-acquisition Integration）是一个被广泛使用的概念。目前，国内外学者对此尚没有统一的说法。在中国知网（CNKI）期刊检索中，以"并购整合"为关键词进行检索时，可以检索到5796 篇期刊文献，而以"并购后整合"为关键词进行检索可以查询到1250 篇期刊文献，以"跨国并购整合"为关键词进行检索则可以查询到1003 篇期刊文献（截至 2017 年 4 月末）。对于并购整合的内涵或概念学者们各有偏好。从战略角度看，一些学者不赞成"并购后整合"的说法，整合不仅仅是并购之后的事情，要想整合成功，必须在并购一开始就设计整合的规划，并考虑整合的难度和成本（李广明，2006；谢学军等，2009）。

对于并购整合内涵的界定，学者们进行了大量的讨论。邱毅（2006）认为，并购整合是指企业为了实现并购业绩目标而如何执行战略的问题，在企业对目标公司整合管理过程之中会面临组织和战略层面的复杂变化。张洁梅（2011）认为，企业并购整合是指当并购企业获得目标企业的资产所有权、股权或经营控制权后进行的资产、管理体系、人力资源、组织结构、组织文化等资源要素的系统性安排，不断提升企业核心能力，从而使并购后的企业按一定的目标、方针和战略组织运营。魏江（2002）认为，企业并购后的整合管理指由并购方或并购双方合作采取一系列皆在推进合并进程、提升合并绩效的措施、手段和方法，它涉及到文化重组、业务重建、员工安排和队伍建设等各项管理工作，是并购双方战略性资源和能力的转移和运用。

吴颖（2004）认为，并购后整合是根据管理学的基本原理，通过战略计划、组织制度、文化趋同以及人员的调配，在并购后的企业中实现各种资源的合理配置，使企业实现最佳的经营绩效。并购后的整合是一门高超的艺术。通过并购整合实现协同效应，企业通过并购活动构筑企业核心能力和开发新的竞争优势、创造企业价值。有效的整合是并购过程的核心，同时，也是对企业并购规划中产生的误差甚至失误的矫正过程。

综上所述，学者们从不同角度和方向提出了自己对并购后整合的观点和看法，概括起来，我们可以从以下几方面来理解并购后整合的内涵：第一，并购整合是在企业战略愿景驱动下，将原有组织的结构要素重新组合成一个新的管理系统的过程；第二，并购整合是通过并购双方要素的有效融合和重构来实现并购后企业各种资源的合理配置，使企业实现最佳的经营绩效；第三，并后整合既是协同效应的实现过程，也是构筑企业核心能力和竞争优势的创造新价值的过程。

2. 关于企业并购整合过程管理

并购后整合过程的研究建立在收购后发生的价值创造以及能够对并购最终成败与否产生重要作用的整合设计的基础上。谢学军等（2009）指出，并购整合成功的关键在于事先制订完善的并购整合计划并进行良好的尽职调查；符合逻辑的战略计划便于实施对整合成果的考核。

基于"有效的能力管理是并购价值创造源泉"这一认识，王长征（2002）将并购整合定义为并购双方组织及其成员间通过企业能力的保护、转移、扩散和积累，创造价值的相互作用的过程。在合并与收购中，整合应被定义为两个企业结合在一起进而成为一个整体。并购企业与目标企业的结合由战略愿景所驱动，体现并购方管理层对交易完成后企业类型的构想；也是通过采取一系列战略措施、手段和方法，对企业要素进行系统性融合和重构，并以此来创造和增加企业价值的过程。

唐赵芯（2010）认为企业并购后的整合影响着整个并购业务的成败，并购整合过程中，必须注重企业管理整合策划，企业并购后整合与并购协议的签订应同时被视为整合过程的组成部分。也可以说，并购整合开始于并购的管理规划而不是并购协议的签订。并购整合管理应当由有经验的高层人员共同负责，而不应由任何单一一方的某个新任领导负责，因为缺乏对双方业务、企业深入理解的情况下，盲目整合只会造成双方企业资源的贬值影响最终的并购整合效果。

周小春和李善民（2007）认为，并购整合管理可以分为两个阶段：第一阶段，主要通过强调并购双方的互动问题，为下一阶段实质性的整合铺设基础；第二阶段，管理者需要进行并购双方企业的实际互动来达到预期目标。

普里切特等（1999）认为整合过程可以划分为设计、评估、展开、管理和收尾五个阶段。在设计阶段，企业成立整合项目管理团队，制定整合日程表和对整合任务进行分工；在评估阶段，由并购管理小组总负责，制定衡量整合工作业绩的标准，对公司当前的经营状况进行诊断和分析，重新审查交易的财务条件和风险评估，并根据整合计划的要求提出改革建议；在展开阶段，各个特别工作小组根据分工，执行具体任务（解决财务、人力、信息技术等相关问题；解决某些经营中的作业问题）；在管理阶段，并购管理团队与各工作小组一起监控整合工作的日程和计划执行情况，并将进展情况报告指导委员会，在必要时可以调整资源配置；在收尾阶段，整合项目管理组织向适当的业务部门交接工作。

韩静和张利（2010）认为，并购作为一种具有明显的"时间效率优势"的扩张方式，极大地改变了企业原本依赖自身积累的发展思路。他们认为，在并购整合过程管理中必须重视控制整合风险以实现最终的并购目标，提出在对企业纵向关系资源进行整合时难度最大。尤其是当企业的纵向关系资源涉及到原有的供应商和顾客单元，能否对此类资源整合成功关系到企业并购的成败。

李广明（2006）在系统研究了中国企业跨国并购后资源整合的基础上，提出应当从纵向、横向、空间、时间四个维度对企业的资源进行整合。尽管越来越多的研究都在分析并购后整合过程的一些不同的问题，例如整合速度，组织拟合度问题，或者并购交易中高管的流动率问题，并购后整合的研究依然普遍被认为是缺乏足够严密的实证研究。如果大多数的并购都不成功，结果就会得出现有整合方法与技术不能有效解释并购后整合过程复杂性的推论。尽管这些共同的研究能够为并购后整合的成效提供重要的解释，但它们都是基于"一个因素解释所有情况"的模式。然而对并购较高的失败率的观察，似乎很有必要去拓展现有单一的整合方法，因为不同的整合方法也许有必要在同一整合过程中根据动机、行业因素、公司特征，以及有待整合的价值链的功能/阶段而组合在一起。

3. 关于企业并购整合绩效评价

传统的并购整合绩效研究多数混淆了并购交易绩效和整合绩效的概念。高良谋（2003）认为，并购绩效实际上应该来源于两种性质、范畴完全不同的活动和过程：一是单纯的并购活动，从经济学上体现为并购交易效率；二是并购整合活动，这更多地表现为管理活动，从管理学上体现为并购整合效率，反映并购后公司如何实现价值增值，并购企业与目标企业如何建立联合价值创造机制。因此，真正的并购效率应该划分为并购交易效率与并购整合效率。

另外，大量文献对并购效率问题进行了专题研究，但并没有得出一致的结论。但目前的文献主要是从经济学的角度来研究企业并购的动因与绩效及并购过程的技术性问题，属于并购交易效率范畴，而从管理学角度研究并购整合效率的文献较少，研究工具也较为单一。即使个别学者考察了并购后 2～3 年的中长期绩效，也是把并购交易效率与整合效率混同起来而不加以区别，所得结论自然过于笼统。

目前，国内外研究并购绩效常用的方法有：财务指标研究法、事件研究法、案例研究法等。国内外学术界对并购整合绩效评价的研究方法存在广泛的争议。有学者认为，案例研究等经验研究方法是应当得到普遍应用的绩效研究方法，但是，有碍于取得数据资料的难度，此种方法的应用受到很大局限（张金鑫等，2007）。相对的，事件研究法和财务指标研究法的应用则比较广泛，但这两种方法都有利有弊（倪中新等，2014）。

张洁梅（2009）认为，企业的长期竞争优势来自企业的核心能力。只有重新构建并进一步提升企业的核心能力，才能实现企业并购整合绩效，才能使并购活动最终获得良好的效果。企业并购整合使企业间的资源实现重新配置，企业知识重新结合、相互作用最终形成企业的价值体系。

（二）关于企业并购中的渠道整合

分销渠道理论发展已经历了一个世纪。西方关于渠道的理论研究集中在三大领域：一是研究渠道的结构；二是研究渠道的行为；三是研究渠道的关系（王朝辉，2003）。渠道结构研究主要针对渠道产生、结构演变、渠道设计等问题，重点分析如何提高渠道的效率和效益；渠道行为主要研究权力、冲突、合作和谈判等问题，重点分析渠道成员的权力与渠道冲突；渠道关系则以关系和联盟为研究重点，对如何在渠道成员之间建立互助互惠的伙伴关系进行探索分析。目前，渠道管理理论研究主要集中于渠道控制理论和关系管理理论，这两种理论在渠道管理中是共存的，有效地综合运用两者，就能更好地进行渠道管理（王媛、罗锡勇，2006）。关于渠道关系管理理论，关系管理是指建立、协调和维持企业在市场经营中诸方关系的行为，是巩固和发展企业与消费者、供应商、合作伙伴、债权人、政府部门以及企业内部员工关系的活动。关系管理体现合作的观念，中心任务是协调各方面关系。

侯宝毅（2005）将分销渠道定义为产品或服务从生产者向消费者转移过程中所经过的，由各中间环节连接而成的路径。在市场运作中，渠道具有产品分销、服务传递、信息沟通、资金流动的作用，其重要性不亚于其他内部资源，是企业营销战略体系建设中的重点。渠道管理的内容主要包括渠道总体战略、渠道结构、控制愿景、关系管理、渠道成员之间的权力分配及机会成本等，如图 3 - 3 所示；这些因素通过渠道管理的作用，形成一定的渠道文化，进而影响渠道效率和渠道成员满意度（王媛、罗锡勇，2006）。

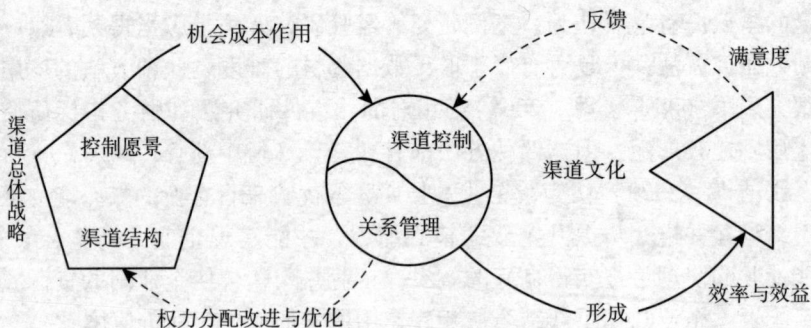

图 3 - 3　渠道管理模型

资料来源：王媛、罗锡勇：《渠道管理理论与模型研究》，载《安徽工业大学学报（社会科学版）》2006 年第 3 期，第 100 ~ 101 页。

何晓芬和刘书萱（2010）认为，企业内部压力、外部环境、资本投资需求导致了并购的产生。由于跨国并购相比于国内企业间的并购更为复杂，跨国并购整合资源整合的难度也更大。成功的市场资源整合能够提升企业的知名度，统一销售资源和销售网络的营销策略，留住客户。实施并购使企业拥有更多的销售渠道和服务资源，整合这些资源为客户提供更加广泛、统一、全面的销售服务是提高客户满意度和忠诚度的重要手段，因此并购后的企业往往会加大销售渠道和服务资源的整合力度。

部分外国学者认为，进行跨国并购分销渠道整合关键的步骤在于渠道成员的选择，对此有四种常见观点（Palmatier et al.，2007），包括：

（1）销售管理观点，即在并购后整合过程中，从企业销售经理的视角出发进行渠道资源的筛选（Mehta et al.，2000）。这种逻辑框架下，企业的销售经理在渠道成员选择和渠道结构构建方面享有较大的权力。

（2）历史表现观点，即在高效利用资源的基础上构建企业的竞争优势（Barney，1991）。在并购后分销渠道成员筛选过程中，根据历史表现对每个渠道成员进行评估（Abele et al.，2003；Gregory and Carpenter，2003），渠道成员的历史表现包含：销售增长率、客户增长率、市场份额以及是否能够及时地抓住市场机遇。通过历史表现选择渠道成员的优势在于可以有效地避免渠道表现的评估误差，并重点关注影响企业销量的关键因素，结果更为客观、真实（Anderson and Oliver, 1987）。但是，采用此种方法也有其弊端——削弱了不同产品渠道间的可比性，也不能排除外在因素的影响。

（3）战略适应观点。从企业管理者的视角出发，确定"优质/合格"渠道资源的特点，根据相应的特点筛选理想的渠道成员。此框架下，迫使企业管理者在进行渠道资源整合时，必须事先考虑企业未来渠道的特质。尽管此视角较为具有前瞻性，但是，由于企业未来渠道特点在很大程度上不可预知，使之难以实施。

（4）顾客选择观点。企业任何渠道管理决策的最终归宿都要归结为顾客。只有赢得顾客青睐与忠诚的企业才能成为市场竞争中的赢家。在并购后渠道整合过程中，顾客选择观点和历史表现观点一样，都能够较好地评估企业的表现，但是消费者忠诚度和关注往往因并购双方企业规模的变化而表现出极大的差异。例如，有的顾客对产品特别的店面更忠诚，而有些顾客则更倾向于提供产品门类齐全的大型企业。

IBM 对众多样本的研究结果表明，企业与消费者都越来越倾向于跨渠道的操作，对于企业并购后的渠道整合经由三个步骤进行，包括保护、发展、转移。其中，保护阶段：保持渠道原有的竞争力和收益；发展阶段：大幅度提升"顾客钱包份额"和客户忠诚度，同时提升生产力和运营效率；转移阶段：通过建立防御型战略形成长期竞争优势，进而改变行业竞争模式。

李飞（2003）认为，渠道整合过程包括三个步骤：一是将分销功能分解于各条渠道；二是制定各条渠道功能完成的移交方法；三是分清利益关系。在企业并购渠道整合过程中，消费需求、产品和成本是决定渠道规模的三个最重要变量。

（三）文献评述

国内关于企业并购整合理论的研究处于快速发展阶段，目前，关于企业并购整合中的文化整合和人力资源整合的研究已经很多。这种研究现状主要是由于企业跨国并购后，由于中外文化的差异有可能导致企业间沟通不畅、管理层管理理念的冲突、外国企业工会或国际舆论的恶意猜测等，导致并购整合失败，进而导致整个并购行为的失败。这样的问题在以往的中国企业跨国并购中屡见不鲜，因此更能引起研究者的注意。

国外的研究主要针对的是并购后（Post – M&A）的渠道成员选择，而对于并购前期的准备工作对跨国并购渠道整合的整体影响以及"弱并强"并购条件下的渠道整合问题则关注较少。目前国内的研究尚未提出富有创新的、严谨的理论假说。在研究方法上，实证分析方法、研究角度、研究对象和样本选择等方面也存在颇多争议，理论研究的广度和深度有待进一步加强。

三、渠道资源特性和跨国并购渠道整合分析框架的构建

从严格意义上讲，分销渠道应该涉及到核心企业的采购、生产和销售领域，是指采购原材料和销售产成品所引起的所有权转移经过的路径，包括商流、物流、资金流和信息流等几大流程。因此现代所指的分销渠道实际上就是一个既有分工、又有相互协作的网络，通过对产品的实体及其时间地点的转换、所有权转换、信息交互的协作和优化以实现顾客让渡价值的最大化，为消费者和使用者更好地创造和提升价值。有学者认为，分销渠道是企业重要的组织资源（Critical organizational resources），也称之为重要的市场资产（Market-based assets）（Barney，1991）。

（一）渠道资源特性分析

1. 渠道资源具有无形资源的典型特征

渠道资源是企业无形资源的重要组成部分，因此同其他无形资源一样，渠道关系具有明显的隐默性和适配性。渠道资源嵌入于企业运营体系中，与企业文化、客户关系、品牌资产等成为共生的整体。渠道资源是企业内部资源和企业核心能力的延伸。与企业文化、技术等无形资源相同，渠道资源是在企业持续的运营发展中经过不断累积、演变、沉淀而形成的企业独特的、异质性的资源，在企业内部则以员工、信息、组织等为载体进行沟通和传播。

对于大多数企业来说，渠道由一系列相互独立的组织机构构成，主要从事于为最终的消费者或使用者提供产品或服务的活动。如图 3 – 4 所示的分销渠道基本结构，渠道成员包括生产商、中间商（批发商、代理商、

零售商、特殊中介等）、终端消费者（组织或个人）。本章研究的渠道整合主要是指并购企业对联通制造企业与终端消费者的批发商、代理商、零售商等中间机构的整合。渠道资源中的各个组成部分都不是企业的资产，它们与企业的合作建立在契约的基础上，受利益导向的引导。这个特殊性导致了企业的渠道资源比其他无形资源更难以整合，也使得渠道关系会对企业的一丝一毫的变动做出敏感的反应。

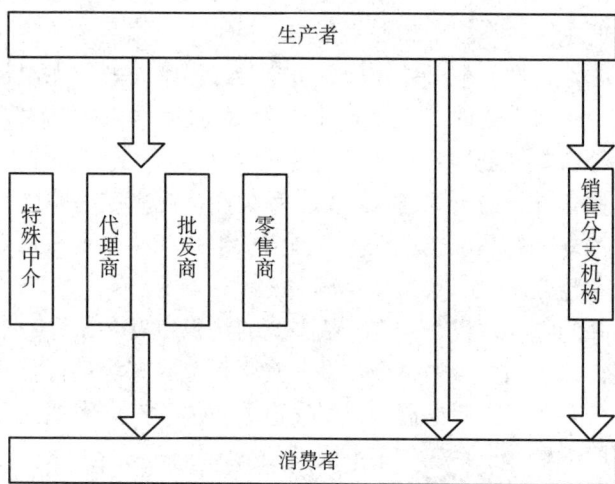

生产者

特殊中介　代理商　批发商　零售商　销售分支机构

消费者

图3-4　分销渠道一般组织结构

渠道成员之间的关系具有隐默性，即关于渠道成员的个性、忠诚度、动机、风险偏好、沟通方式、兑现承诺的程度等知识往往被特定的营销人员所掌握，而且由于这些知识严重依赖于营销人员的个人经验甚至个人关系，这使得客户知识与这些员工具有显著的不可分割性。如果原有的营销人员离开了企业，那么合作关系有可能退化。

2. 渠道资源的系统性特征

讨论渠道资源的系统性特征必须预先明确两个概念：系统、渠道。

所谓系统，泛指由一群有关联的个体组成的，根据预先编排好的规则开展工作，能完成个别元件不能单独完成的工作的群体。

分销渠道是商品流通的通路。美国市场学者爱德华·肯迪夫（Edward W. Candiff）和德·斯蒂尔（Richard R. Still）认为，分销渠道是产品从生产者向最后消费者和产业用户移动时，直接或间接转移所有权经过的途径。菲利普·科特勒则认为，分销渠道是指某种货物或劳务从生产者向消费者移动时，取得这种货物或劳务的所有权或帮助转移其所有权的所有企业和个人。因此，分销渠道主要包括商业中间商（因为他们取得所有权）和代理中间商（因为他们帮助转移所有权）。此外，它还包括处于分销渠道的起点和终点的生产者和消费者。

综合两个概念可以看出，分销渠道是由生产者、中间商、消费者等多个群体组成的，用以完成其中任何一个群体都难以独立地实现的商品所有权转移工作的系统。系统中的要素存在相互统一、相互制约的特点。明确了渠道的系统性特性，就必须在渠道整合的过程中注意到无论是渠道成员数量的变化、关联方式的变化都会对系统整体产生巨大的影响。

并购整合需要创造的是企业的核心竞争力，是企业实现价值的能力，需要调动企业各方面的资源进行匹配。系统性特征决定了跨国并购中的渠道整合是一个复杂的系统性工程，必须依从于系统性原则精密筹划，进行系统性的管理整合。

在渠道并购整合过程中，应该从系统的认识出发，设计一个整体的并购整合方案，以达到期望的整合效果。按照系统的方法进行整合，意味着需要在一个大系统下全面把握和控制渠道整合过程，全面把握和控制大系统中的要素与要素、子系统与子系统以及系统与环境的关系，理清整合过程中的各种关系，变不利因素为有利因素，从而使整合顺利进行，达到并购目的。跨国并购渠道整合管理的系统性特征应注意：组织整体性、战略一致性、系统协调性、要素之间的依赖性。

（1）组织整体性。对于渠道整合来说，整合本身就意味着把不同的要素（渠道成员）联系在一起，使它们发挥其应有的职能。与其他资源不同，并购前，并购企业与目标企业是独立的个体，并购后才开始融合。企业的渠道资源有可能在并购前已经存在一定程度的重合、共生现象，企业的同质性（包括产品类型、品牌定位、市场细分）越强，重合的现象越明显。比如说，宝洁的清洁用品和联合利华的清洁用品都会通过沃尔玛或家乐福进行销售。

由于并购后的渠道组织系统改变了原来结构参数和环境变量，使得并购后的渠道系统效率要大于以前两个单独的渠道系统功能的简单相加，即并购后的组织系统在原来的基础上产生了协同的功能。

（2）战略一致性。企业的发展战略是筹划和指导全局的总体方针，它决定着企业的发展和投资方向，进而决定着跨国并购本身的规划、产生、发展、整合等一系列活动。企业并购中的发展战略整合是对企业发展的方向性调整，是对企业未来发展方向的定位。企业并购的发生本身就是企业总体战略执行的结果之一。渠道作为连接企业与市场的纽带，必不可少地要对其布局、管理方式等进行调整，使其与收购企业的整体战略保持一致，互相配合。渠道资源的战略一致性主要表现在并购企业与目标企业的渠道成员具有相似的市场战略与目标。

并购后的企业，必须将其作为一个整体，将统一的发展和经营战略灌输到每一个渠道成员，从战略层面寻求一致性，实现战略匹配。在组织战略方向的指引下，并购后的管理整合才能顺利推进，才能够进行资源配置调整、渠道结构和治理机制调整。对于渠道资源的整合，需要有高效的渠道评估方式，裁剪重叠的渠道布局，以使渠道的分布能够适应企业战略的调整。此外，在跨国并购不被渠道商看好的情况下，企业可能需要自行开辟新的渠道。

如果被并购企业发展战略不能与收购企业的战略相配合、相互融合，那么两者之间就很难发挥出战略的协同效应。只有在并购后对目标企业的发展战略进行整合，使其符合整个企业的发展战略，这样才能使收购方与目标企业相互配合，使目标企业能发挥出比以前更大的效应，以促进整个企业的发展。因此，在并购后必须确定整个企业的发展战略，规划目标企业在整体战略实现过程中的地位与作用，然后对目标企业的战略进行调整，使整个企业中的各个业务单位之间形成一个相互关联、相互配合的战略体系。

（3）系统协调性。渠道作为向终端顾客传递价值和创造价值的载体，需要通过组织间协调来适应多变的外部环境。渠道成员自身、成员间和渠道网络内的组织学习愈发重要。渠道网络内的组织学习所获取的知识是构建渠道竞争优势的重要途径（蒋青云，2007）。并购后的渠道组织系统必须具有对内能够处理系统中要素之间的矛盾和冲突，对外与环境具有相互适应性的功能，从而保证渠道系统的相对稳定性。

另外，渠道冲突一直是渠道管理方面的一个重要研究课题。通常来讲，渠道成员在一个跨组织的系统内是合作共生的关系。但是，当相互依赖的渠道成员是由于互补功能而进行合作时，也埋下了产生冲突的根源。渠道冲突产生的原因可能是上游企业（厂商）战略布局上的不足，也有可能是渠道成员之间的竞争产生的。渠道整合就是为了化解冲突和矛盾，实现系统的协调性特征，意味着使并购后的渠道资源有效协同。

(4) 要素之间的相互依赖性。在分销渠道中，厂商获取下游渠道伙伴的市场知识可以减少市场不确定性，有利于新产品开发和更好地满足终端客户需求（刘益、张志勇，2008）。渠道成员是互补性知识的载体，拥有互补性知识有助于渠道成员获取渠道权力。对企业并购中的渠道资源进行整合，能够提高渠道系统的包容性，进而使企业和渠道整体保持持久竞争优势。

并购整合离不开资源的调配，例如并购后的组织必然要对被并购方进行人力资源的调配，解除一些不合乎组织要求的人员，同时必须招聘组织需要的人员，即销售团队整合。再比如，在批发商与零售商层面，由于批发商具有较强的业务覆盖能力和对零售商的控制力（或影响力），如果对批发商进行替换或删减，零售终端的数量有可能急剧缩减。渠道资源系统内部的要素是复杂多样的，并且要素之间也有着深刻而复杂的联系。因此，并购整合必须充分考虑到要素之间的相互影响和彼此间的依赖性，而互依的程度与渠道成员之间的匹配情况存在密切关系（许晖等，2014）。

（二）渠道整合与相关资源整合的关系

并购整合涉及到两个企业的战略、业务、制度、组织和企业文化的整合，如果整合的好，并购的协同效应就会显著；如果整合的不好，并购就会失败，从而给企业带来巨大损失。由于渠道资源具有适配性和隐默性，因此，在跨国并购中，渠道整合不能作为一项独立的工作看待；渠道整合与文化整合、品牌整合、客户关系整合、人力资源整合等有密切关系。

1. 跨国并购渠道整合与品牌整合

在跨国并购中，渠道整合与品牌整合有紧密关系。在跨国并购品牌整合过程中，并购方企业可以采用品牌收购、品牌租赁、推广自主品牌、联合品牌等方式对双方品牌资源进行整合。企业需要做出两方面的重要决策：品牌数量决策和品牌定位决策。两个重要决策之间的相互影响在于：品牌数量过多时，必须对定位相同或相近的品牌进行淘汰；或者，在同种产品品牌定位相同/相似的情况下，需要对某个品牌进行重新定位。

随着品牌整合的推进，一些渠道可能被放弃使用，其他的渠道会被保留或重建，以简化渠道结构，提高渠道效率。渠道成员之间达成交易、合作关系，包括中间商对供应商的选择，大都是利润导向的。对于渠道成员来讲，品牌整合对其盈利性的影响才是其最关注的因素。如果因为品牌整合，一些渠道中间商失去了某品牌的区域经销权，那么，中间商客户价值必然会受到严重影响，进而一些最终用户的利益也可能受损。清晰的市场战略和品牌规划，是企业向渠道成员传递的一个积极信号。

在跨国并购整合中，品牌与渠道的结合可能会出现以下几种情况，如图3-5所示。

目标企业品牌　并购企业品牌

	目标企业品牌	并购企业品牌
并购企业渠道	渠道拓展	市场拓展
目标企业渠道	渠道保护	品牌推广

图3-5　企业渠道选择/品牌选择矩阵

（1）渠道拓展：当并购企业的分销网络优势明显且并购得到的品牌在当地市场的认知度或美誉度较好时，可以利用并购企业的分销网络来销售目标企业的品牌产品，进而提高被收购品牌的市场占有率。

（2）市场拓展：这是一种完全新建渠道的策略，此种策略的使用通常是在被并购企业的品牌与本企业毫无差异化的情况下，并购后被收购品牌被雪藏。

（3）渠道保护：维持原有渠道并继续利用该渠道来销售被收购品牌的产品。当然，并购方企业可以根据企业战略需要进行适当的调整。

（4）品牌推广：当目标企业渠道能力强，但产品开发上不出众时，可以通过目标企业渠道网络来销售并购方企业品牌产品。当然，在这种情况下，并购双方品牌的市场定位应有明显的差异。

2. 跨国并购渠道整合与客户关系整合

通过一系列程序取得了对目标企业资源的控制权，只是完成了并购目标的一半。在收购完成后，必须进行资源整合，包括渠道资源整合，使其与并购企业的整体战略保持一致性。渠道整合不仅仅是调整渠道结构，而且在很大程度上是对客户关系的整合，即通过加强沟通和客户价值保证，消除中间商的疑虑或质疑，维护企业与中间商的合作、互依关系，保持中间商的满意度和忠诚度，进而使其继续为产品的分销销售做出应有的贡献。因此，渠道整合具有显著的跨组织特征。

并购双方的渠道整合与客户关系转移有直接的关系。一方面，最终客户关系的建立和维护需要供应商和中间商的共同努力；另一方面，制造商和中间商的关系也是一种重要的客户关系，如果与中间商的关系处理不好，很可能影响到与最终客户的关系。在企业并购中，并购双方渠道的整合直接决定了新的中间商布局和对原有的中间商取舍，即原渠道中哪些中间商会被保留，哪些中间商会被放弃，被保留中间商在新的渠道系统中履行什么样的职责等，进而基于渠道而建立的客户关系布局也会发生变化。此外，渠道整合还涉及对并购双方原有销售人员队伍的调整、重组，这极有可能影响到已建立的中间商客户关系。

当企业与中间商和顾客之间并非是简单的临时性交易关系时，他们之间可能存在较为长期的或是隐性的信任与承诺关系。但企业并购可能会破坏这种信任与承诺关系，因为企业并购事件甚至合并后的整合措施带给他们更多的可能是对于不确定性的恐惧而不是希望，或者造成品牌形象冲突，进而破坏信任关系，导致顾客流失或中间商逃离。中间商的逃离或是交易条件的恶化等势必造成跨国并购的失败。

3. 跨国并购渠道整合与文化整合

企业文化是企业经营管理体系中最核心的部分，是构成企业组织情境的基础元素。作为对企业影响范围最广、影响最为深远的因素，企业文化在企业并购整合中无疑起到极为关键的作用。尤其是在跨国并购中，由于中外文化的异质性使其容易成为整合的第一个门槛。

企业文化的形成具有长期性，而且还有很强的独立性和不可复制性。所处的行业、所在的区域等的不同，决定了企业之间在经营思想、价值观念、工作风格、管理方式等方面存在差异。跨国并购后，只有收购方与目标企业在文化上达到整合，才意味着双方真正的融合。对目标企业文化的整合，对于并购后整个企业能否真正协调运作有关键的影响。在对目标企业的文化整合过程中，应深入分析目标企业文化形成的历史背景，判断其优缺点，分析其与收购方文化融合的可能性。在此基础上，吸收双方文化的优点，摒弃其缺点，从而形成一种优秀的、有利于企业发展战略实现的新型企业文化。

企业文化深入影响着企业的渠道管理制度，对企业经营与发展有着重要的影响，因此渠道整合必须与企业文化整合相结合，特别是在中间商客户关系整合中保持或营造文化适配。在兼容性的企业文化影响下，并购企业双方能够吸收彼此管理制度中合理、高效的部分。如果目标企业原有的渠道管理制度和体系十分健全，收购方可以直接利用目标企业的渠道策略，甚至可以将目标企业的渠道管理制度引进到收购企业中，对自身渠道进行改造。如果目标企业的渠道管理制度与收购方的要求不相符，则收购方可以将自身的一些优良制度引进到目标企业中，例如：销售人员激励机制、存货控制策略、供货机制等。如果企业文化对外来观念表现出较强的排斥性，则推行新的渠道管理机制会遇到很多困难。目标企业的渠道成员起初会对新管理制度缺乏认同感而消极应付，甚至因此产生强烈的抵触情绪，进而脱离目标企业。因此，引入新渠道管理制度时，应深入了解目标企业的企业文化、渠道管理制度，并了解目标企业与其关键客户的文化适配性等。

（三）跨国并购渠道整合流程框架的建立

跨国并购整合过程是一种破坏性的创新过程，任何形式的渠道整合都势必会改变并购企业和目标企业原有的渠道结构，创造出崭新渠道结构。与此同时，分销渠道是上达原材料供应商、下至消费者的商品流通通路，其间涉及到各种类型的企业或个体成员。上文中，我们已经讨论了渠道资源的特性以及渠道整合与其他相关资源整合的关系。在构建跨国并购渠道整合模型时，必须综合考虑这些相关的因素。

由于渠道结构布局具有与企业总体战略一致性的特点，在构建渠道整合管理分析框架的时候，必须综合考虑企业战略架构、企业文化、企业品牌结构和客户关系整合等多方面的因素。因此，我们引入了战略中心型组织的概念和逻辑。

战略中心型组织（Strategy – Focused Organization，SFO）的概念是平衡计分卡创始人、哈佛商学院卡普兰教授与诺顿博士于 2000 年正式提出的。SFO 是以五项实施原则为指导的高效组织管理形式。这五项原则是：高层领导积极推动变革；战略的有效传达；组织的整合和统一；把战略转化为每个业务单元、职能部门和员工的日常工作；使战略成为一个持续的流程。

通过五项原则，企业组织把各业务单位、职能部门、团队、个人与企业战略目标紧密联系起来，使他们关注于有关战略的关键管理流程，包括基于战略的计划、资源分配、预算、定期报告以及战略性管理会议等，从而获得突破性的业绩。2005 年 8 月，卡普兰教授与诺顿博士及其咨询机构在对原 SFO 的核心流程进行改进的基础上，提出了新的战略中心型组织模型。同时，在 SFO 的实施方法、工具等方面提出了更为有效的方法，并且充分整合了最新的 IT 技术，将其全面融入了新的 SFO 模型中（孙永玲、谢少华，2006）。

SFO 模型包括三个部分：

（1）一个核心管理流程。新 SFO 的核心管理流程吸收了戴明 PDCA 经典绩效管理模型，形成了以战略管理为中心，以目标为导向的集成计划、组织整合、人力资本整合、报告与分析、持续提高为过程控制的计划—整合—学习—改进的闭环绩效管理流程。

战略管理：帮助企业形成以战略为中心的管理流程，建立具有竞争优势的战略管理核心能力。

集成计划：在战略计划、财务计划、营运计划间建立连接进而形成集成计划，为企业建立一个达成业务战略、高效部署资源的框架。

渠道组织结构整合：确保企业战略能有效分解到业务单位与职能部门，保持战略执行的纵向一致与横向协同。

报告与分析：建立一个对关键业绩驱动因素进行监控、评估与分析的体系，使得企业各层级能迅速理解关键业绩驱动对企业绩效的影响。

持续提高：确保组织能够高效利用流程与工具识别问题根源，并有针对性地实施提高企业绩效的解决方案。

（2）组合实施工具。针对核心管理流程中的每个阶段，卡普兰教授与诺顿博士及其咨询机构在原有基础上进一步提升与开发了一系列的实施工具与方法。同时在计划、滚动预测、业绩分析等多个方面也进行了方法的开发与补充。

（3）先进 IT 平台。IT 平台是新的战略中心型组织着力强化的部分。新的 SFO 对基于企业战略整合 IT 系统、评估 IT 系统战略准备度、整合企业商业智能与数据架构、应用绩效管理组件以及数据呈现提出了指导性框架。目前，中国企业已经越来越广泛的使用诸如 SAP、ERP 等软件系统作为提升企业运营效率的辅助工具。

SFO 作为企业绩效管理的全球最佳实践之一，其建设涉及企业的各个层面，需要投入大量资源。各个组织可根据自身的管理基础、亟待解决的问题、期望建立的核心能力等，在 SFO 的整体框架规划指导下，从三个不同层面切入。

（1）从战略管理切入：达到描述、评价与管理战略的目的。

（2）从营运管理切入：通过将数字化的战略目标体系分解到组织各层次、各个项目、各项活动中而将战略目标转化为具体的经营目标。另外，对于包括多个分支机构的大型企业集团，尤其是境外分支机构需要处理不同会计准则与不同法律约束背景下的财务数据的企业也经常可从合并报表环节切入。

（3）从 IT 平台切入：包括数据管理与分析功能的 IT 平台在确保管理流程成功执行企业战略中扮演着重要的角色，尤其对于已实施 ERP 具有大量数据资源的企业，势必会将并购后的整个体系纳入到 IT 管理系统中，因此可以以此作为切入点。

基于 SFO 理论和渠道资源的特点，企业跨国并购中的渠道整合就是以系统思考作为一种思维模式，通过对价值系统的整体研究来寻求价值增值的杠杆点，从而创造整体价值的最优化。分销渠道的整合是以匹配为中心，力求分销渠道的系统化管理，强调渠道成员之间的协调与统一，注重渠道的规模化与现代化建设。并且，这种思想在进行渠道策略选择的过程中也必须得到贯彻，以使得渠道策略能够与企业的整体战略相适应。通过分析企业并购整合实践，本文构建了企业跨国并购渠道整合流程框架，如图 3 - 6 所示。

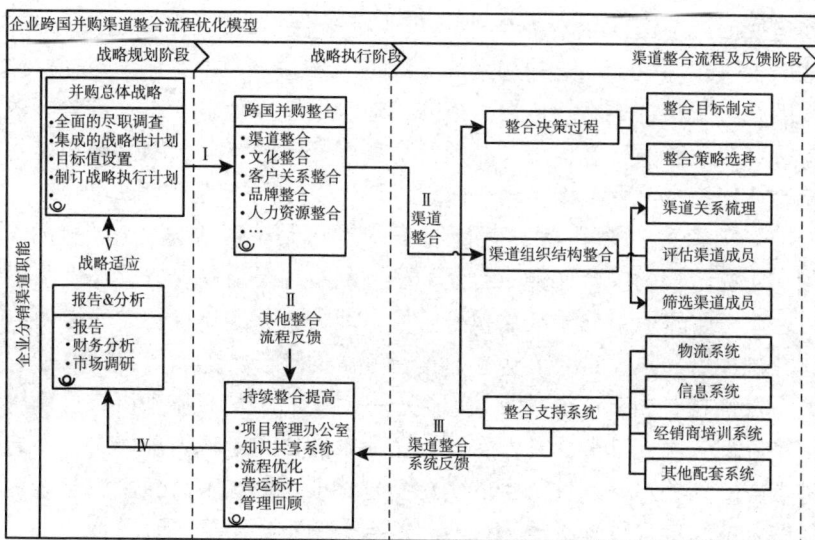

图 3 - 6　企业跨国并购渠道整合流程框架

如图 3 -6 所示，按照并购整合的过程，渠道整合流程框架被划分为三个阶段：战略规划阶段、战略执行阶段、渠道整合流程及反馈阶段。

（1）战略规划阶段。本章之所以将战略整合阶段作为跨国并购渠道整合的起点，是由于企业的任何行为都是战略的产物，即便有的小企业没有成文的书面的战略规划只是着力销售产品提高业绩，这种行为本身也是一种扩张型战略的产物。

企业进行并购会发生大规模的资金运作、资源调配、组织结构调整，如果没有完善的战略对并购发生后所造成的影响进行引导和控制，在后续的整合中很容易迷失方向，导致整个并购活动的失败。因此在战略规划阶段，必须进行完善而全面的尽职调查，制定战略性计划并明确目标，为后续战略的执行确定计划。

（2）战略执行阶段。在战略规划阶段充分考虑到各种可能出现的困境并有所准备的情形下，战略执行会较为顺利。然而，市场状况是瞬息万变的，尤其是在跨国并购中，目标企业所在国家的文化状况、政治经济背景、企业员工对并购的态度甚至是外部公众的情绪都可能对战略执行计划的推进产生极大影响。例如，在上海汽车工业（集团）总公司并购韩国双龙汽车的过程中，韩国舆论认为，上汽收购双龙只是为了获取汽车制造的技术，一旦获得了技术就会将设备和工厂迁往中国，"过河拆桥"后便会放弃双龙。因此，在签订收购协议的 5 天后，双龙汽车工会举行了大罢工，迫使上汽承诺保留双龙工会及员工等条件，并追加 10 亿美金投资。这些因素直接导致了双龙并购案的失败。

因此对于整合战略的执行，也需要适时地加以调整，以推进整合的顺利进行。在战略执行过程中，必须针对各类资源的特点分别制定有针对性的整合计划，本流程框架中第三阶段的产生也是同样的原因。

（3）渠道整合流程及反馈阶段。第三阶段是跨国并购渠道整合的核心阶段，所有前期的准备和铺垫都是为了顺利实现渠道整合。其实，从逻辑上讲，第三阶段应隶属于战略执行阶段。因为企业战略执行阶段是对企业总体并购战略的执行，势必包含对渠道资源的整合。然而，渠道资源与客户关系资源具有相关性更具有相似性——对于大多数企业来讲，这两种资源都是外部资源或部分为外部资源。企业不能单纯地将内部资源的整合方式进行复制，相对于其他类型的资源整合，渠道资源不直接隶属于企业本身，整合的难度也就更大。因此，将其划分为整合的第三阶段。

四、跨国并购渠道的整合策略及选择

分销渠道是企业的血管，资源在渠道中流通。渠道整合是对并购企业与目标企业或重叠或分立的渠道组织结构进行重组，是对渠道战略的统一，是企业文化通过渠道传递的过程。其根本目的在于能够为企业创造优化的渠道业务流程，提升企业的核心竞争力，减少渠道体系中低产出的要素，提升渠道整体效率。对渠道的整合，始于对渠道资质的评估，经过对重叠渠道的简化、对新增渠道资源的整合，最终实现渠道连贯畅通，满足顾客或用户的需要。诚然，有时出于企业战略布局的需要，对于盈利水平明显低于一般水平的渠道成员也有必要保留。但总体来讲，经过整合之后，企业的分销渠道应呈现以下特点：简化、覆盖企业目标市场、渠道冲突得到良好控制。

（一）渠道整合策略类型

要实现渠道整合的目的，必须选择适当的渠道整合策略。本节将就目前比较常用的四种渠道整合策略进行比较。

1. 渠道分立策略

所谓渠道分立策略，顾名思义即企业跨国并购后，仍保持目标企业原有分销渠道的独立性，并继续通过原有渠道销售目标企业提供的产品。在该整合策略下，并购双方原有渠道体系的独立性都得到保留，并且各自独立运营、互不干涉；因此，渠道整合中产生的资源转移和协同效应也较少。

2. 渠道融合策略

渠道融合策略是指跨国并购企业将目标企业的渠道吸收到企业整体的渠道架构之下并进行统一管理，通过渠道销售全系品牌的整合策略。在该整合策略下，有的中间商可能被剔除，有的中间商经销范围或要承担的职能可能被调整，这可能会引发中间商的抱怨甚至退出。

3. 渠道新建策略

渠道新建策略是指在保持目标企业渠道独立性的前提下，在海外市场建立全新的渠道体系并通过该体系销售并购企业生产的产品。在该渠道整合策略下，并购企业会根据战略一致性要求，设计一定的选择标准进而在当地市场寻找新的经销商或代理商。

4. 渠道保护策略

渠道保护策略是指并购企业与目标企业在产品线和市场定位大为不同，但目标企业所拥有的渠道资源对企业的后续发展意义重大，因而对其渠道资源进行保留及保护的策略。在并购企业的渠道网络尚未覆盖到某些海外市场，而且并购双方的渠道网络也不存在交叉的情况下，渠道保护策略可能被采用。

（二）影响渠道整合策略选择的因素

由于分销渠道系统的建立需要较高投入，并且渠道关系具有相对稳定性，一旦建立就不能轻易改变。因此，在进行分销系统整合决策时，要根据上述分销渠道整合的原则审慎地进行，而且有必要对整合过程中所涉及的一些环境因素和企业自身因素进行系统的考虑，如图 3-7 所示。

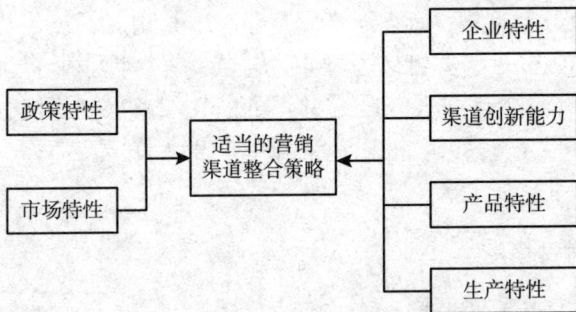

图 3-7 渠道整合策略选择的影响因素

1. 企业自身因素

（1）企业特性。企业在规模、声誉、经济实力、企业文化、国际营销经验等方面特性不一，决定了其对中间商具有不同的吸引力和凝聚力。企业应结合本身的特性选择中间商类型、数量和层次，选择合理的分销渠道整合模式。并购企业与目标企业的行业相关度，以及渠道与战略的适应性，决定着可以在多大程度上利用原有的分销渠道和整合难度的大小。行业相关度越高，并购后的整合水平越高；进而创造的价值越高，特别是利用目标企业原有的渠道网络优势，加快了进入国际市场的步伐。

（2）产品特性。产品特性不同，产品对渠道成员的设施条件、技术服务能力和管理水平要求也会不同，并购企业在进行渠道整合的过程中必须充分考虑产品特性。销售技巧通常可以传授，但产品知识及其市场知识则不能通过单纯的简单介绍获取。例如，向顾客展示产品、倾听客户需求、产品定位和检验技巧等可以适用于各种不同的产品和行业，但推销推土机的知识不能用于推销电脑，甚至不能用于推销家庭轿车。销售技巧应通过产品知识培训加以补充，并在销售过程的前期、中期、后期通过与产品专家队伍合作得到支持。

（3）生产特性。在国际化经营中，渠道网络的拓展是以企业的硬实力为基础的，包括企业的研发能力、生产技术优势、生产能力布局及资金实力等。其中，企业的生产能力布局，决定着是否在最短的时间内将产品或服务通过分销渠道送达消费者手中。尤其是对于快速消费品而言，远距离、长途运输会增加渠道成本，降低利润空间，因此当地生产和快速铺货能力显得更为重要。而大规模的机械设备则多采用异地生产当地装配的方式，对跨国渠道成员的能力往往有较高的要求，即最好拥有一定的本地装配能力。

（4）渠道创新能力。从消费者方面，实施跨国并购后，企业面临的是来自于不同国家、不同市场、具有不同的文化背景和消费需求的消费者。消费者在购买产品偏好，购买批量等候的时间和出行的距离，售后服务的要求等方面，都已经发生了很大的变化。如果仅仅是照搬本土市场的渠道模式或单纯沿用目标企业的渠道策略，则难以满足新消费者的新的需求。从分销渠道本身来讲，产品渠道的功能，一个是潜在客户的产生，第二是客户身份的认证，第三是售前的工作，第四是进行销售，第五是售后支持。企业实施跨国并购的目标就是要进入新的市场，满足国际消费者的需求，服务需求发生变化了，分销渠道势必也要进行变革和创新。

2. 环境因素

（1）政策特性。跨国经营的企业应充分考虑东道国和当地政府的政策特点，在政策规定的范围内选择合法的、有合作意愿并能够分担风险的中间商及渠道管理策略。例如，在有的国家，供应商可以与中间商签订排他性合作协议，即只能代理该供应商的品牌；但在更多的国家，排他性协议是不合法的。

（2）市场特性。同一国家的消费者对渠道的偏好会因为年龄差距、消费能力差别等呈现出多种多样的表现；这种差异性会在不同国家的市场中进一步增大。不同国别市场，市场竞争的激烈程度不同，也会影响到渠道结构和渠道政策。不同的文化背景、科技条件、市场竞争态势、消费能力等会让跨国并购企业面临着比以往复杂百倍的市场状况。因此，在进行渠道整合的过程中，需要认真调查当地市场甚至所属区域市场的特性，进而选择适当的渠道策略。

（三）渠道整合策略选择模型

通过前面的讨论可知，跨国并购渠道整合需要综合考虑企业内部特征和环境特征等影响因素。下面，我们暂不考虑企业外部环境中的不可控因素，仅从目标企业渠道对并购企业战略的适配性和并购双方渠道资产的同质性两个方面来考虑如何选择跨国并购渠道整合的策略。做出此种调整的用意在于企业的一切活动都是战略的产物，而战略本身包含着企业文化的构建、产品线的发展、国际市场开拓等一系列活动的方案。另外，渠道资产的同质性包含了对目标企业现有渠道所销售的产品定位、针对的目标市场、中间商组织结构及销售能力等与本企业现有渠道是否相似而做出的比较权衡。根据这种思路，构建跨国并购渠道整合策略选择模型，如图 3 - 8 所示。

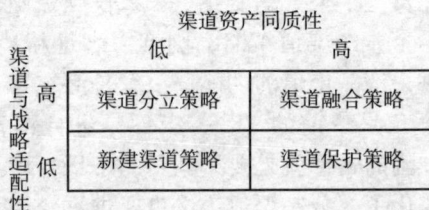

渠道资产同质性

	低	高
渠道与战略适配性　高	渠道分立策略	渠道融合策略
渠道与战略适配性　低	新建渠道策略	渠道保护策略

图 3 - 8　跨国并购渠道整合策略选择模型

1. 渠道分立策略的适用性

采用渠道分立策略的前提是并购双方战略上相互依赖性较强，同时双方组织独立性需求也较高，渠道资产同质性较低。对管理者来说这种整合模式是最具有挑战性和吸引力的。这种情况下，整合的过程中并购双方的许多管理技巧和能力可以相互转移，但是并购完成后双方依然各自拥有独立的经营权。

通常来讲，当企业的产品具有多个不同的品牌，并且品牌之前差异较大时，采用渠道分立（或渠道分治）策略可以避免品牌间定位的混淆，降低品牌辨识度。当并购企业与目标企业的产品具有较强的异质性时，此种策略有利于援引以往的较为成熟的渠道模式，维系当地市场对目标企业产品的好感和信任。以吉利并购瑞典沃尔沃汽车为例，这是中国企业国际化战略和技术提升需求的典型。其中并购企业吉利只是中国民营企业品牌，惯常采用模仿、跟随战略，满足低端市场需求；而被并购企业沃尔沃汽车是瑞典著名的汽车品牌，因其出色的安全和环保性能而在世界汽车市场占有一席之地。此次并购中，在任何一方的渠道中销售另一方的产品都会受到经销商以及市场的抵触，因此有必要保留双方渠道的独立性。

2. 渠道融合策略的适用性

能够使用渠道融合策略的情况一般是并购双方在战略上相互依赖，而且目标企业的独立性要求较低，渠道资产同质性明显。融合策略下，并购企业对目标企业渠道的整合程度要比渠道分立策略大得多。

这种情况下，整合的过程中完全可以把两家企业长期形成的经营战略、组织结构与文化进行吸收融合；进而，把目标企业原有的渠道体系纳入并购企业渠道体系中，或者把自己的渠道体系纳入目标企业渠道体系中，整体规划渠道结构和渠道布局。这时整合的重点不在于是否需要整合，而在于什么时间、以什么速度和方式进行整合，但同时要允许目标企业全面开发和利用自己的资源能力。

3. 渠道保护策略的适用性

实施渠道保护策略的前提是并购双方战略依赖性不强，但是目标企业对组织独立性的要求却很高，或者目标企业是本企业开拓新型业务的关键，与企业现有渠道资产同质性较强。这种模式下，就要求并购企业在整合的过程中通过管理技能的转移，以公正和有限干预的方式来培养目标企业的能力，保护目标企业原有的渠道资产，允许目标企业全面开发和利用自己潜在的资源和优势。

　　万向美国公司并购美国企业"舍勒"是进行渠道保护策略的典型案例。万向美国公司是中国万向在美国设立的全资子公司。舍勒在并购发生前的十多年（1988～2000年）间，一直是万向的代理商。并购发生后，万向保留了舍勒的品牌、技术、全球渠道网络。作为一家汽车零部件生产企业，万向并购供应链下游企业的举措与企业进军国际化市场掌握主动权的战略相适应，最终获得了成熟的渠道资源。

4. 渠道新建策略的适用性

　　当目标企业渠道资产的战略适配性不强，且并购企业希望加快进入海外目标市场时，并购企业往往会采取在海外市场新建渠道网络的策略。当企业通过跨国并购方式进入国际市场时，可能受到企业财务能力、品牌知名度、美誉度等众多原因的影响，目标企业的渠道成员可能会在企业的整合过程中成为极大的阻力。实力强大的代理商掌控"话语权"，使得跨国并购企业不能顺利展开业务。

　　以奔驰汽车进入中国市场为例。长期以来，奔驰在中国存在两大营销渠道：奔驰中国和北京奔驰。两大营销渠道各自为政、互相较劲，导致奔驰进口车和国产车之争并造成了奔驰在华价格体系的混乱，成为奔驰在华拓展业务的障碍。同时，"利星行"是奔驰在中国最大的经销商集团和最大的股东，拥有奔驰中国49%的股份，在奔驰中国的日常决策中有很强的话语权。目前，奔驰中国在国内有120家汽车经销商，其中"利星行"占据40%的份额。"利星行"拥有独立经销商无可比拟的优势，一些奔驰独立经销商所销售的进口奔驰车型往往都要从"利星行"订货。自2010年开始提上日程的奔驰与北京奔驰销售渠道整合工作中，由于与利星行利益分配难以抉择，整合工作几度陷入僵局。并且，鉴于利星行作为奔驰代理商的市场影响力，奔驰几乎没有可能建立独立的新渠道。可见，在实施跨国并购渠道整合的过程中，如何处理与关键代理商的关系、怎样建立新分销渠道都是需要慎重权衡的方面。

五、中国企业跨国并购渠道整合案例研究

近年来，我国企业跨国并购实践从数量和资本运作数额上，都呈现出一种急速攀升的趋势，造就了一种中国现象，即多家中国企业同时追捧一个海外并购目标企业导致并购成本的增加。即便对跨国并购如此热衷，中国企业对并购后的渠道整合并不擅长，主要表现为：渠道驾驭能力低，渠道客户的忠诚度低，渠道运营成本上升等。

从中国企业实施跨国并购的实践来看，多数企业在并购后，往往由于事先的战略准备不够充分，导致在出现危机时缺乏适当的应对方案。例如，上汽在并购韩国双龙汽车时，没有考虑到韩国国民的抵制情绪和韩国工会的影响力，导致并购整合的难度极大，最终导致了并购失败。

在产品差异化越来越小、技术日益趋同的当今市场，许多中国企业跨国并购试水失败，不是由于资金实力或技术实力不过关，而是败在客户沟通与服务。在成熟市场，消费者的需求更成熟更多样化。满足多样化的市场需求，势必要求产品的差异化程度更高，从而导致服务成本的增加。与此同时，在成熟市场，消费者的自我保护和维权意识非常强大，产品上任何的问题都有可能给企业带来巨大的惩罚性赔偿。这样的市场状况使得以规模扩张和节约成本见长的中国企业面临巨大风险。

（一）联想并购 IBM PCD 渠道整合案例分析

作为轰动一时的并购案例，联想并购 IBM PC 业务是中国本土企业并购国际企业的一次重要尝试。对于大多数中国企业来讲，跨国并购是一种超常规的发展方式。然而，对于联想来讲，并购已成为一种常规的成长方式。近年来，随着国际化脚步的加快，联想频频做出大手笔的并购业务。

作为一个通过并购获取战略性资源的典型企业，联想的并购历史对准备进行跨国并购或正在进行并购整合的企业有很好的借鉴意义。本文意图通过对联想收购 IBM PC 业务、德国 Medion 电子终端业务的投资行为进行分析，总结中国企业，尤其是制造企业在跨国并购渠道整合中体现的优势与不足，为后来的企业提供经验借鉴。

1. 案例背景

联想并购 IBM PCD 从 2003 年调查考证开始，经历了近两年的考察得以实施。根据 2003 年的数据测算，并购后的联想应占全球 PC 市场 7.8% 的市场份额，在戴尔和惠普之后位居全球第三位。联想收购 IBM PCD 的时间点是 2005 年 5 月，并购之初的联想从严格意义上来说只能算是一个内地企业，其来自于海外市场的收入所占比例很低，大约只占其总收入的 3%，且集中于亚太地区，因此在当时实际上并不存在所谓的联想自有的海外渠道，真正意义上的与 IBM 的原有渠道体系的融合主要体现在国内市场。

2004 ~ 2005 年联想宣布收购 IBM PCD 到收购完成的一段时间内，联想的全球市场份额表现出了明显的下降趋势；2005 ~ 2008 年联想全球市场份额在并购后的四年期间内都没有达到预期 7.8% 的水平。并购发生后，营业利润率受到了很大的影响，从 2004 年（并购前）的 5.02% 下降到 2005 年的 0.63%，并持续在较低的水平徘徊。

除整体市场份额及营业额外，联想各个区域市场的营业额分布也能让我们发现一些问题，如图 3 - 9 所示。2005 ~ 2008 年，联想在亚太区和欧洲、中东及非洲这两大区域市场的营业额占比变化并不显著，但在大中华区和美洲区的变化则较为明显；其中，美洲区实现的营业额占比处于下降趋势，而大中华区处于显著的上升趋势，而且占比超过 40%。这说明，联想对 IBM 原美洲市场的渠道整合绩效不太理想。

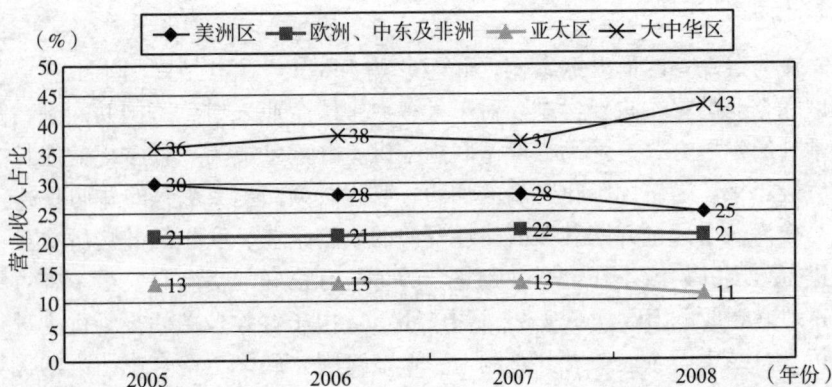

图 3 - 9　联想并购后各区域市场营业收入占比及变化

资料来源：根据联想集团上市公司年报整理而得。

客观情况是，自联想并购 IBM PC 业务以来，一些海外经销商选择了与其他品牌合作。这种情况出现的诱因主要有两个：一是竞争对手给出了更为优厚的条件；二是某些分销商对联想这样一个来自中国的企业信心不足，提出了比对 IBM 更苛刻的条款，如利润率、付款条件等，当联想无法接受时，就出现了经销商的流失。经销商是连接企业与用户的纽带，经销商的流失直接导致市场覆盖率的降低和企业收入的下降。

图 3 - 10 反映的是联想并购 IBM PC 业务后的营业额增长速度变化情况。观察联想并购 IBM PC 业务后营业额的增长速度可以发现，并购后联想的销售总额虽有大幅增长，营业额增长率却在猛增后回归低潮。尤其是受到 2008 年经济危机的影响，2008 ~ 2009 财年营业额一度出现负增长。直到 2010 ~ 2011 财年，联想营业收入增速才有了明显好转。

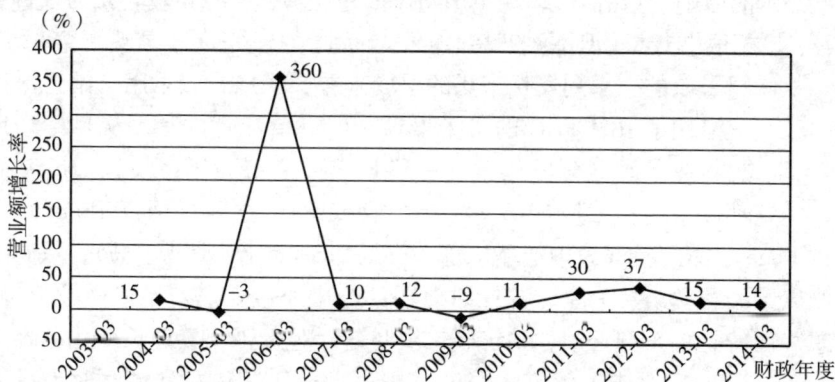

图 3 - 10　2003 ~ 2012 年联想营业额增长率

资料来源：联想集团官网和上市公司年报。

2. 案例分析

（1）并购战略动因及渠道整合目标。根据联想 2004 年 12 月 9 日发布的公告，联想收购 IBM PC 业务的动因在于独特的机会。联想将此次并购视为获得独特的机会落实其全球化战略，进一步加强对个人电脑和相关行业的专注；形成全球性规模，覆盖各区域市场和提高品牌知名度；丰富产品组合，形成台式电脑和企业产品系列，提高成本效益，增强企业的综合化供应链管理实力；提升 lenovo 科技领先地位以及培育富有国际经验的优秀管理团队。

（2）渠道整合策略选择。在整合的第一阶段（2005 ~ 2007 年），采用了渠道分立策略。由于人员结构不变，全球销售、市场研发等部门均由原IBM 相关人员负责，有助于稳定客户，同时 IBM 与联想派多名员工与大客户沟通，说明联想的国际化目标。IBM 在全球知名的《纽约时报》和《华尔街日报》上刊登广告，向消费者做出承诺：IBM PC 业务并入联想后，原经理级主管人员仍是新公司里的主角，IBM PCD 的系统架构也不会改变，联想还会继续使用 IBM 销售模式。联想高层认为，90% 的原客户看好此次收购。但是 2004 年 12 月 9 日，国际 IT 调研机构 Forrester 发表的报告显示，几乎约半数的美国企业称，在并购发生后，他们准备考虑购买惠普或戴尔产品。

　　另外一个重要事件是品牌定位的调整。收购初期，联想上下充满了对IBM 的高品质和高价格的迷恋。联想高层当时承诺，"将坚持 Think 高价值高端品牌的原则"。然而，2006 年 ThinkPad 笔记本由商务市场转换为消费者市场，联想很快丰富了 R 系列产品，价格、品质、技术都低于高端的 T 系列。

　　从联想采取的一系列安抚市场的手段来看，联想看似采用了渠道保护策略，完全沿用了 IBM PCD 的市场渠道。但需要注意的是，从目标客户来看，联想将业务类型分成三类：一是 KAB（高端商用市场），Think 品牌主攻这部分市场；二是 SMB（中小企业市场），主要是销售 Think 品牌中的 Edge 子品牌及部分中低端机型；三是 Consumer（消费市场），Idea 品牌则以瞄准消费市场为主，并同时兼顾部分中小企业。对于前两种市场，联想采用的是关系型营销，销售模式主要是针对大企业签订长期业务合同（Key Account），基本上依靠直销来开拓市场；还有针对具体商业项目的竞标（Special Bid），以及侧重于商用的集成/分销渠道，如英迈国际等。在个人消费市场，联想则采用的是交易型营销方式，通过零售商和代理商推广产品，两者几乎不会重叠。所以，联想在对 IBM PC 的整合过程中，实际上采用了渠道分立策略，通过各自原有的渠道销售产品。

　　但在并购整合的第二个阶段（始于 2008 年），联想开始采用融合策略对全球渠道体系进行进一步整合。首先，是中国区渠道体系的调整，根据新的产品线归属，联想的中国区大客户团队获得 Think 品牌的运营权，面向行业推广，而原 IBM PCD 部门和渠道在中国区范围内将不再承载大客户行业销售。其次，在国际市场，联想自主品牌开始借助 Think 在 70 多个国家的原有渠道和办事机构进行海外扩张。在这个过程中，部分原 Think 的渠道商开始接受 Idea 品牌产品，并借助联想的全球营销体系进行市场拓展。不能接受 Idea 品牌的原 Think 渠道客户，则继续面向行业客户做

Think 品牌的订单销售。

在渠道整合过程中，联想一直致力于建立完善、高效的全球供应链。在此基础上，联想建立了联想集团全球供应链共享服务中心，通过海外商务专员负责不同区域以及业务领域的商务管理工作对海外各区域的销售、供应链、财务等部门合作进行全程的交易管理和销售支持，具体包括：订单管理、应收账款管理、发票及到款管理、信用评估及审核等。共享服务中心的建立提高了联想对国际市场的响应速度和对分销机构的管理能力。

3. 案例小结

EV/EBITDA 倍数又称企业价值倍数，是一种被广泛使用的公司估值指标，使用此指标可以综合考虑企业的市值与企业的盈利性之间的关系；同时，企业价值的计算中由企业流通股数及当期股票价格来估算企业市值，在一定程度上，该指标的变化趋势也可反映市场（尤其是股票投资市场）对企业成长性的预期，并排除由于企业并购后融合了被并购方资产，规模猛然增大带来的估计误差。从增长的角度讲，企业在市场中的运作势必要以一定的速度不断成长，才能保持市场地位、提升市场竞争力。

从长期（大于 3 年）的角度讲，企业的价值会受到诸多因素的影响，例如，总体的经济形势、政策因素等不可控的因素会对市场内的绝大多数企业表现产生影响；进而，对企业并购整合成果的评估也会有失偏颇。因此，我们用并购后 3 年内的企业价值变动情况来分析企业的整合成果。

从图 3-11 来看，联想并购 IBM PC 业务 3 年（2005 ~ 2008 年）企业价值增长率呈现明显的下降趋势。因此，并购价值在这一时间段还没有体现出来。

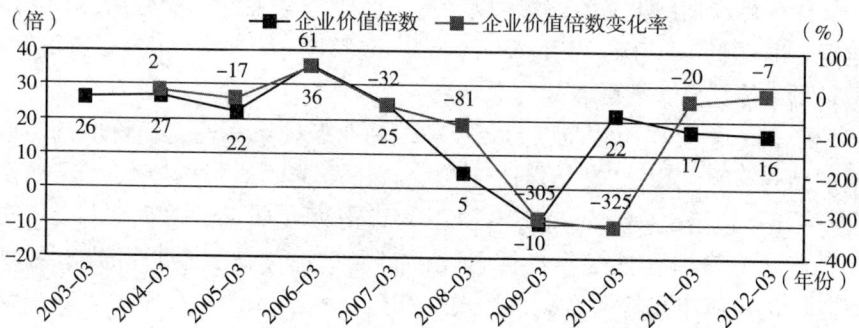

图 3-11　2003 ~ 2012 年联想企业价值倍数及增长率

资料来源：国泰安数据服务中心—香港上市公司数据库，联想利润表、资产负债表、股票交易等数据。

　　在海外市场，由于定位的差异，某些渠道可能仅是某一个品牌的代理，但相当多的分销渠道则是既销售 Think，又同时销售 Idea。因为毕竟联想在海外建立 Idea 的分销渠道时利用了不少 IBM 所留下来的资源。但是，同一渠道同时销售 Think 品牌和 Idea 品牌的产品，可能让一些客户产生认知冲突或怀疑，进而降低其购买意愿，或者说，降低对 Think 的忠诚度。

　　另有数据表明，2005～2006 财年 ThinkPad 中国区出货的增长率高达130%。但是 2006～2007 财年，ThinkPad 的出货量只有 8.7% 的增长，而同期 HP 为 100%，戴尔为 63.3%，宏基（Acer）为 52.2%。对于国际市场，联想 2008 年第四季度的出货量按年下跌约 4.5% 至 554 万部，低于市场 1.1% 的增长，这也是联想自 2006 年来首次出现的出货量下跌的情况。以 2008 年全年计，联想出货量增长 8.7% 至 2186.9 万台，较 10.9% 的市场平均速度慢，全球市场占有率由 7.4% 下跌至 7.2%。Gartner 指出，截至 2008 年，联想在中国之外的市场仍然没有突破，其打入国际消费市场的策略尚未成功。

（二）联想并购 Medion 渠道整合案例分析

1. 案例背景①

　　Medion 公司是一家成立于 1982 年的消费类电子厂商，其产品领域包括：PC/多媒体（包括个人电脑、笔记本电脑、扫描仪、打印机等，以及相关的软件和辅助设备），娱乐/家用电子产品（包括个人保健用品、家用电器、电视机、DVD、VCR、相机等），和移动通讯设备（包括：电话、答录机、传真机、解码器等）。

　　Medion 主要在西欧市场开展业务，其业务领域涵盖整条价值链，包括产品的设计、开发以及营销推广。该公司主要通过为零售商店提供PC/多媒体设备、娱乐、家用电器一站式销售（ONE – OFF SALES）支持，从而为终端客户提供高性价比的产品；通过向食品折扣点、咖啡馆、自选超级市场等非常规市场提供产品，Medion 进一步完善了其市场覆盖范围。Medion 为其渠道商，包括零售商和企业客户提供完善的产品

---

① 资料来源：根据企业调研所获资料整理而得。

组合，尤为重要的是为渠道成员提供了直接针对终端用户的售后服务。正因如此，Medion 发展起独特的分销渠道体系，并吸引了一些过去几乎完全靠自有渠道销售产品的品牌制造商也来使用其渠道分销产品和服务（渠道联盟）。

Medion 早期集中精力开拓德国市场，其部分产品在德国市场上获得了两位数的市场占有率，进而公司着力德国之外的西欧地区，甚至将东欧、北美、澳洲作为其海外目标市场。同时，Medion 每年有 20 亿美元的销售额，公司处于长期盈利中。

联想对 Medion 收购意向由来已久，而对于是否与联想合作，以怎样的形式合作，Medion 管理层经过了超过 3 年时间的考虑。受制于德国高昂的人力成本、强大的工会势力、市场饱和度等因素的限制，Medion 面临发展瓶颈。尤其在 2011 年，该公司及其国内竞争对手普遍面临企业扩张战略与产品供给方面的冲突。Medion 意识到没有强大的产能支持的电子产品提供商将面临巨大的风险，从促进品牌可持续发展的角度考虑，需要与有良好的生产能力的厂商进行合作。

联想认为 Medion 拥有一个良好的团队和渠道资源，拥有这些资源对扩大联想的海外业务有很大的帮助。以 Medion 的规模，它以前在采购、生产上没有规模优势，而联想的收购会更好地降低成本。为达成进军西欧市场的目的，联想与 Medion 于 2011 年 6 月 1 日正式达成收购协议，当年 8 月完成对 Medion 51% 股权的收购。在完成收购后的 2011～2012 财年，联想在北美、西欧、日本等成熟市场的销售额比上财年增长了 85% 至 34 亿美元，联想也跃升为全球第二大电脑厂商，其市场份额达到创纪录的 12.9%。

2. 案例分析

（1）并购战略动因及渠道整合目标。联想收购 Medion 有两方面的战略意图：一是利用 Medion 在欧洲的渠道网络优势，采取双品牌战略，进一步占领欧洲市场；二是利用 Medion 在移动互联方面的技术和经验，加快实施联想的移动互联网战略。

联想的传统产品是台式机，之后开发了笔记本电脑系列产品。并购 IBM PC 事业部后，更是进一步丰富了产品线。但是，其主打产品始终未离开 PC。在联想大手笔并购的过程中，许多业内人士对 IT 硬件生产行业的未来盈利性看法不甚乐观，甚至有人推测联想只能在短期内攫取 PC 业务领域的微薄利润，从长期来看，由于此行业的利润空间已经被严重透支，未来的发展势必以服务为主；联想大规模的扩张建立生产线，也许会导致最终尾大不掉。

诚然，业内人士的顾虑并不多余。中国企业向来以较低的生产成本和规模经济来提升产品的利润空间。但一旦科技出现较大突破性发展或市场行情出现较大波动，大企业受制于资产的独占性，往往不能实现快速转型，即规模大的企业反而难以应对市场变化。如同 PC 由商务专用转为普遍的个人消费品给企业带来巨大的成长空间一样，平板电脑、智能手机的快速普及或者更新的产品的出现也有可能快速侵蚀 PC 市场。于是联想在 2012 年 4 月左右，正式提出了"PC +"战略。

在联想的规划中，尽管传统 PC 不会被快速取代，但移动互联终端的爆发趋势已不可阻挡。苹果和三星双寡头依靠明星级产品垄断移动市场大部分的利润，联想的 MIDH（移动互联和数字家庭业务）部门正在移动浪潮的推动下应运而生，现有产品包括智能手机乐 Phone、平板电脑乐 Pad以及最新成员 K 系列智能电视。

正如案例背景中所描述的，尽管 Medion 是以 PC 为主打产品的企业，但在移动互联网方面其产品线远比联想丰富，技术也更为成熟。Medion 在运营一个虚拟的网络业务，向消费者提供移动互联网终端和虚拟数据业务。并购 Medion，可以使联想快速获取相关经验，对于联想集团的移动互联网战略将产生一定的促进作用。

（2）整合策略选择。联想并购 Medion 大部分股权与 2005 年并购 IBMPC 业务不同，Medion 每年有 20 亿美元左右的销售额，公司处于长期盈利中，而 IBM PC 业务则在并购前三年已经出现每年将近 2 亿美元的亏损。以 Medion 的规模和在欧洲市场的知名度，加上联想在采购成本、生产规模上的优势，此次收购会更好地降低成本。

此次整合中，联想采用了保护型渠道整合策略，完全保留了 Medion的品牌和渠道，用于打开欧洲市场。联想之所以会采用这种渠道策略的原因有以下几点：

第一，Medion 是欧洲的成熟品牌，在德国市场有极高的市场占有率。众所周知，德国产品一向以优质优价见长。如果盲目地对其品牌进行处置，会导致市场的负面反响。

第二，被并购企业 Medion 在独立性方面要求较高，在与联想接洽的初期，Medion AG 便要求，并购后必须保证 Medion 在品牌和运营上的独立性。

第三，联想此次并购，是为开拓新的业务领域打开通道。2008 年以前，联想曾经有过手机业务，但由于手机业务长期处于负盈利的状态，并且对集团的整体业绩和战略方向有负面影响。终于在 2008 年以 1 亿美元的价格将其出售。当时，联想的理念是出售手机业务有助于联想贯彻其长期策略发展重心，使集团及管理层专注发展核心业务：个人电脑，同时也使其手机业务得以独立运营。

那么，此次收购联想投入了 6.7 亿美元，是否花更多的钱买了一个原本不需要的业务呢？答案是否定的，与当初的联想手机相比，Medion 是成熟的国际品牌，产品、技术都更有竞争力，而且在市场需求转型的时期，此次并购就更显得更有意义。

3. 案例小结

联想在西欧地区一直希望有长足的发展，但消费类产品领域消费者对固有品牌有充分的认同感，而联想将继续保持 Medion 的品牌，并将以此打开市场入口。在收购后，联想预计在德国的市场份额超过 10%，并成为西欧市场排名第三的 PC 厂商。尽管从目前来看，并购后 Medion 的销售额只有小幅度的增加，客户服务费用减少了 100 万欧元，这主要归功于产品线的丰富和较低的服务费用。

可以看到，并购 Medion 后，联想的企业价值倍数增长率略有下调。但是，这主要是由于尽管已经开始增加销售人员配置，Medion 仍与原来的渠道成员有合约关系，无法在短期内全面铺展联想电脑在西欧的销售。另外，并购整合也确实为 Medion 减少了运营费用，使息税前利润率由上一年度的 1.4% 上升至 1.5%。

联想并购 Medion 已有 5 年的时间，成败仍有待考查。对于联想并购 Medion，联想相关负责人表示，联想收购 Medion 主要有三大收益，分别是在西欧消费类业务的收益、双方整合前后端节省成本的收益和对移动互联网战略的收益。

今后，Medion 的主要市场仍是德国市场，但是联想强大的生产能力和资金实力的支持，Medion 将有能力抓住机遇，占领受到欧洲经济危机影响而不够景气的其他欧洲市场。后期的整合中，联想仍应继续关注管理层的调整。

在并购 IBM PC 业务的整合过程中，联想最初采取的是"双线领导"，在美国和中国各有单独的管理中心，但是期间频繁的管理层变动导致联想的员工中流传"联想是不是不需要我们了"，写出了"联想不是我家"的文章。企业内部员工尚且如此，渠道成员对企业的忠诚度本身就建立在利润的基础上，在企业不稳定的情况下，渠道成员必然"以利而聚，因利而散"。同样，对于 Medion 的管理层和员工来说，管理层变动、裁员，以及能否在今后的整合中保持企业即品牌的独立性都是他们的顾虑。因此，在整合中如何能够顺利地沟通，保持管理层的稳定也是渠道整合最终成功的关键因素。

（三）　中联重科并购意大利 CIFA 渠道整合案例分析

1. 案例背景①

中联重科是中国混凝土工程机械的领先企业，CIFA 是全球第三大混凝土工程机械制造商，中联重科收购 CIFA，是中国领先企业与全球领先企业之间的交易。2008 年 9 月，中联重科联合金融投资机构弘毅投资、高盛、曼达林基金完成对 CIFA 公司的全资收购。

2008 年收购进行前，CIFA 的主营业务为生产混凝土泵车、输送泵、搅拌站、搅拌运输车、布料机、稳定土拌和设备等，其中混凝土输送泵、泵车及搅拌运输车等是其主打产品，海外目标市场为欧洲、非洲和中东等地区。CIFA 通过 70 多个国家的 58 名独立经销商以及在意大利的 24 家代理机构进行产品销售，覆盖了几乎所有的西欧、东欧、中欧与北非国家。此外，该公司在澳洲、美国、墨西哥和其他一些南美国家拥有经销网络。2007 年上述渠道为 CIFA 创造了 4.7 亿美元的销售额，在 2005～2007 年实现了 20% 的复合增长率。

2. 案例分析

（1）并购战略动因及渠道整合目标。中联重科全资收购 CIFA，与大多数中国企业跨国并购案例相似，都是弱势企业并购强势企业。不同的是，对其他企业来说并购是一种超常规的成长方式；对于中联重科来说，

---

① 资料来源：中联重科官网 http://www.zoomlion.com/。

企业并购却并不陌生。多年来，中联重科坚持"核裂变"的战略思路，通过一系列的"递延式收购"，聚合各细分行业优质资产，产生协同作用。中联重科通过并购 CIFA 进行品牌、渠道布局，并且将原有的国内战略布局拓展到全球市场。

（2）渠道整合策略选择。在分析中联重科对 CIFA 公司的整合之前，有必要先对两个企业的状况进行比较（见表 3 – 1）。

表 3 – 1　　　　　　　　　　中联重科与 CIFA 并购前状况比较

中联重科	CIFA
制造成本优势	技术优势
中国市场的佼佼者 *	欧洲市场的主要竞争者；意大利 80% 份额
价格优势：比国外便宜 15% ~ 20%	价格较行业冠亚军便宜 **
盈利性较好的中国企业	盈利性较好的优质资产

注：* 中联在中国的主要竞争对手是三一重工，二者在中国市场平分秋色，占据了中国市场份额的 80% 以上。

** 德国普茨迈斯特（Putzmeister）和施维英（Schwing）是行业中的佼佼者。普茨迈斯特公司是全球混凝土输送机械设备的领导者，在世界范围内建立起德国、美国和中国三点为支撑的全球化生产网络，并先后在英国、法国、意大利、西班牙、南非、日本、韩国等 18 个国家建立了子公司，其销售和服务网络遍布世界各地。施维英则在德国、奥地利、美国、比利时、俄罗斯、中国和印度建有生产基地；在法国、荷兰、奥地利、捷克、瑞典、韩国，施维英集团都设有自己的销售和售后服务中心。

通过表 3 – 1 可以看出，中联重科和 CIFA 具有同质性和互补性的资源。例如，中联重科在成本方面享有中国企业的传统优势，即制造成本较低，但是在技术方面与世界领先企业仍有较大差距。CIFA 的技术优势则能够弥补此方面的不足。在市场表现方面，双方都是各自市场中的领先者，并购后中联重科将有望成为中国第一大混凝土制造商，甚至有望冲击世界第一地位。

中联重科收购 CIFA 后，采用了"双品牌并举"的渠道融合战略。中联收购了 CIFA100% 的股权后，完整地保存了对方的欧洲分销渠道，通过各自原有的渠道销售两个品牌的产品，实现了市场方面的优势互补。

中联重科此次收购中表现最为出众之处在于其详尽的并购规划及整合计划。从图 3 – 12 中可以看到，中联重科为了此次收购设计了复杂的经济组织结构，考虑到了长远发展、企业利润回流的便利性以及按照国际间税务规定，进而做出了合理有效的并购税务安排。

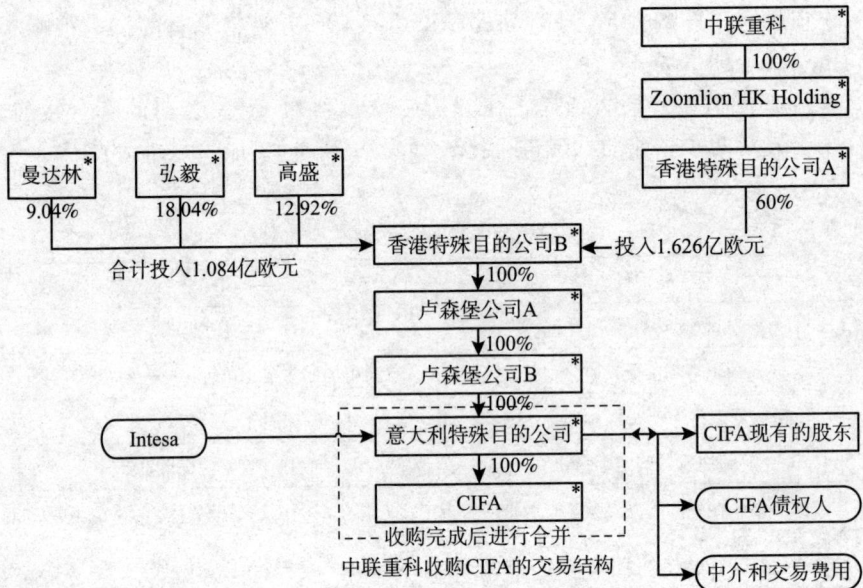

图 3 – 12   中联重科收购 CIFA 的交易结构

资料来源：何志毅等：《中国跨国并购 10 大案例》，上海交通大学出版社 2010 年版，第199 页。

3. 案例小结

尽管中联重科的此次并购与整合计划堪称周详，前期的尽职调查和后期的整合工作也相对完善，也没有出现中国企业在进行海外并购时常犯的错误。但是，在前期竞价阶段，由于国内最大的竞争对手三一重工的竞购，导致中联重科最终以较高的收购价格完成交易。

考虑到 2008 年超出预期的经济衰退对市场带来的总体影响，尽管中联重科并购后的财务报表出现了一些难以避免的不良信号，但其表现仍可圈可点。通过观察中联重科并购后企业价值倍数及增长率的变化可以发现，在并购后 3 年内，中联的企业价值始终高于并购前的水平，在 2010年甚至实现了质的突破，如图 3 – 13 所示。

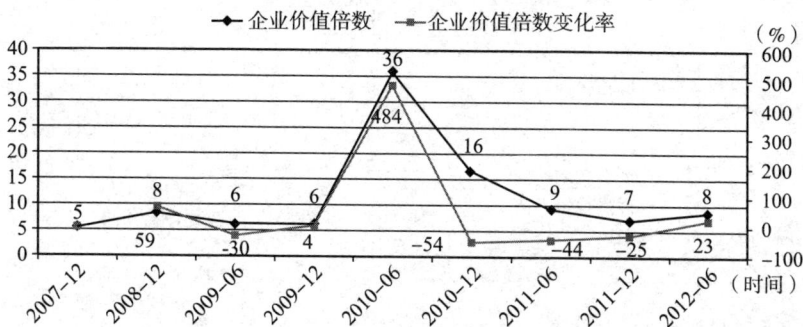

图3-13 中联重科企业价值倍数及变化率

（四）案例比较分析

根据SFO战略的思想，企业的每一次跨国并购实践都势必会形成实质上的"整合委员会"① 这一特殊的组织，由委员会负责企业并购整合战略的制定、执行及调整。基于SFO战略的跨国并购渠道整合模型的指导思想，根据企业的战略规划层级以及战略实施步骤可将案例分析要素归纳为四类：并购动因、整合目标、整合模式、整合结果（见表3-2）。

表3-2 渠道并购案例分析要素

层级 \ 要素	并购动因 （战略导向）	整合目标 （宏观—微观）	整合模式 （整合深度）	整合结果
1	扩大市场份额	企业价值最大化	渠道新建策略	失败/待定/成功
2	增强规模经济	顾客价值最大化	渠道保护策略	失败/待定/成功
3	营销运营战略规划	提高企业核心竞争力	渠道分立策略	失败/待定/成功
4	市场抄底机遇	相关者利益最大化	渠道融合策略	失败/待定/成功

前面分析了三个并购案各自的特点，三个案例中个性与共性并存。首先，我们通过表3-3比较了上文中三个案例的主要特点。

---

① 实践中"整合委员会"可能有多个名字，但职能基本相同。

表 3 – 3 案例企业及其特征

指标 案例	并购动因	整合目标	整合模式	整合结果
联想 并购 IBM PCD	扩大市场份额 增强规模经济 营销运营战略规划	企业价值最大化 顾客价值最大化 提高企业核心竞争力 相关者利益最大化	渠道分立策略 渠道融合策略	失败
联想 并购 Medion	扩大市场份额 增强规模经济 营销运营战略规划 市场抄底机遇	提高企业核心竞争力	渠道保护策略	待定
中联重科 并购 CIFA	扩大市场份额 增强规模经济 营销运营战略规划 市场抄底机遇	提高企业核心竞争力	渠道融合策略	成功

在并购整合的动因方面，三个并购案的主要动因都是企业推行国际化战略、通过建立规模经济优势和低成本优势占领更广阔的国际市场。

在整合目标方面，提高企业核心竞争力是并购企业的共同目标。通常来讲，核心竞争力是企业在竞争中脱颖而出的关键能力。在技术日渐趋同的背景下，渠道的质量在越来越高的程度上决定着企业的市场表现，成为企业的核心竞争力。

其中，Medion 和 CIFA 并购案都是中国企业通过 100% 收购欧洲企业股权进入欧洲市场。不难推断，由于服务质量、企业知名度、技术水平等原因，欧洲市场的准入水平明显高于非洲或亚洲其他地区。这两个并购成功案例表明，中国企业想要建立自己的渠道面临着较高的难度，鉴于欧洲市场对本土品牌的热衷，只有在渠道整合中充分保持被并购企业的独立性，在较高程度上尊重原有的企业渠道管理模式，就能够较好地维系同原渠道成员的关系。

在渠道策略选择方面，三个并购案例中，并购方分别选择了不同的渠道整合策略。其中联想对 IBM PC 业务的并购案中，先采用了渠道分立策略，以原本的渠道布局分别推广各自的产品。此策略选择有一定的合理性。联想作为一个初次试水国际市场的新兴企业，对 IBM 原本的渠道驾驭能力有限，盲目的融合渠道可能造成市场的不良反应。但是，联想很快又采取了渠道融合策略，即同一渠道同时分销拥有不同定位的两个品牌的产品，这样容易引发客户的认知冲突和满意度下降。此外，初期并购整合中频繁的管理人员变动和"安全门"等意外事件的影响以及忽视市场的敏感度而过早地放弃了IBM品牌的5年许可使用权，使得原IBM PC员工大量流失，并造成了渠道资源的流失，导致并购渠道整合的失败。这种失败可以通过事实得到印证：根据联想的报告，并购协议签订6年后的2011年，Think产品才真正改变了不盈利的状况。CIFA并购案则不同，中联重科以低成本优势和谦和的整合文化全盘掌握了CIFA渠道。

同时，比较联想两次并购整合手段及成果可以发现，在跨国并购整合中，中国企业在渠道整合及相关资源整合的策略选择上也在日渐成熟。

我们根据企业具体表现，分析了三次并购整合的成败。通过图3－14我们可以观察到，在2008～2009年联想与中联重科的表现较为接近，2010年是中联重科实现重大突破的时期，其市场价值远高于联想是较为明显的证明。之后的时间内，联想的表现相对优于中联重科也足以证明Medion并购案所代表的全球化战略和因之而产生的全球供应链体系受到了市场的肯定。

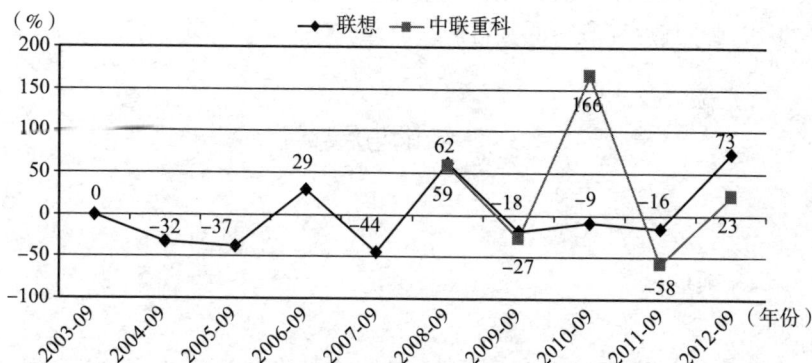

图3－14 联想与中联重科企业价值变化率比较

注：由于联想两次并购发生时间与中联重科并购CIFA有一定的时间差，而且中联重科在2008年起才在香港上市，图3－14可对两者同为上市公司期间的表现进行比较；企业价值变化率是相对指标，可以排除企业规模和汇率的影响。

通过对案例的比较分析，我们可以得到如下启示：

（1）渠道能力已经成为企业核心竞争力的重要来源。传统上，中国企业的竞争力来源于中国廉价的劳动力、生产原料、汇率差额的因素。中国企业依赖这些传统优势在国际市场上赚取最为微薄的利润。但是，随着近年来中国市场的开放程度增加和中国企业在更多的方面加入国际市场角逐，传统优势正逐渐削弱，如何在渠道管理中节约成本、提高效率，如何快速对国际市场需求做出响应；因此，中国企业越来越重视对渠道的掌控能力。

（2）企业在实施跨国并购渠道整合的过程中，必须重视渠道战略与总体战略的一致性。只有在整合渠道体系中坚持企业的总体战略才能提升企业对渠道的掌控能力。但是，在坚持战略的过程中要注意方式方法。正如上述案例中所展示，联想在对 IBM PCD 进行整合的过程中，过早放弃 IBM 商标使用权的做法尽管是出于培养企业自主品牌的角度考虑，仍旧被视为"不理性"甚至"傲慢"。中联重科在此方面表现出的最大不同在于，在实施并购整合的过程中，中联重科始终保持谦虚的态度以"学生"的姿态与 CIFA 进行沟通，这在一定程度上减弱了渠道整合中的阻碍。

（3）企业的渠道战略与品牌战略应保持高度一致。由于产品特质和品牌定位的不同，很多时候渠道资源的通用性不高，即不能盲目在现有渠道中铺开其他品牌的产品，否则会造成品牌影响力的稀释和渠道冲突。渠道冲突一旦产生则很难解决，尤其当渠道成员与企业关系建立在协议基础上时，很难强迫其放弃既得的利益。

六、结论与展望

（一）结论

随着全球化趋势的蔓延，中国企业越来越意识到渠道伙伴的重要性，也日渐投入更多的财力和人力构建长期的、紧密的渠道关系。优质的渠道资源能够带给企业许多正面影响，例如协调销售活动、抑制竞争对手等，是企业市场资源的重要组成部分。良好的渠道关系能够给企业带来长期经济利益，是企业赢得市场竞争的核心竞争力。

在研读了大量的有关企业跨国并购整合、渠道管理理论成果的基础上，本章分析了企业跨国并购渠道整合的整体流程，以及渠道整合在并购整合中的重要性；研究了企业跨国并购渠道资源整合的策略及选择方法，并以案例分析的方式，比较了不同企业在跨国并购渠道整合中的策略选择和整合结果。通过研究，形成以下结论：

（1）企业跨国并购渠道整合策略必须与企业的整体战略保持一致，战略匹配是整合的核心。多数企业的跨国并购都是在企业实施国际化的战略愿景指导下进行的。与总体战略的一致性，可以使企业避免陷入渠道困境，保证企业的渠道整合按照正确的方向推进。

（2）品牌整合是跨国并购渠道整合成功的关键。诚然，受到企业不同文化特质、运营理念的不同，所选择的渠道整合策略也有所不同，但是在渠道整合策略选择的过程中，企业要权衡的要素却具有相似性。中国企业在进行跨国并购渠道整合过程中，如果忽视原有企业的品牌知名度和品牌形象而采用傲慢的态度对待被并购企业的渠道成员，势必会导致并购的最终失败。

（3）企业跨国并购渠道整合策略选择会随着企业经验的积累和市场环境的变换进行提升。案例分析表明，中国企业的跨国并购渠道整合战略正日渐成熟，随着国际市场经营实践的增加，企业能够以更清晰的态度认识自身的差距，利用自身的长处赢得市场机遇，获取优质渠道资源，促进自主品牌的成长。

（4）任何一种整合模式都存在一定风险。对于中国企业来说，为相互利用各方渠道资源优势，跨国并购后往往采用融合的整合策略，进而达到开拓国际市场或提高国内市场占有率的目的，但效果往往不好，例如联想并购摩托罗拉后，也采用了融合策略，但由于双方销售团队整合不顺利进而影响了渠道融合效果。

（二）研究不足和展望

在企业跨国并购整合中，分销渠道的整合已经成为极为重要的部分。本章通过案例研究的方式对企业渠道整合策略的选择做出了较为深入的分析，但是在研究方面还存在许多不足。

1. 案例选择的主观性。本章所选择的案例企业都是中国制造企业中的行业"领头羊"，尽管在对案例的分析中选择了比较客观的评价指标，案例选择本身难免受到作者主观态度的影响。同时，为了体现企业在跨国并购渠道整合中的成长、成熟过程，本文选择了联想集团的两个并购案例。这样的案例比较具有典型性也可能出现一定程度的片面性。

2. 研究深度问题。本章对企业跨国并购渠道整合的理论基础和实践方式进行了较为详细的研究。但是，受到作者对营销管理知识掌握的深度和全面程度的影响，研究思路只能沿着建立企业战略中心型组织的角度延伸。对案例的分析也只能在掌握现有数据的基础上进行分析。

3. 选用分析指标问题。在对企业跨国并购后渠道整合成果的考察上，由于对不同案例间指标可比性的需求，本章选择了企业价值倍数及其增长率作为经济指标。该指标的优势在于能够对不同经济规模、采用不同货币和汇率差别较大的企业的价值进行比较。缺点在于，企业价值倍数只有当两个企业采用相似的税收制度和会计财务制度时，才更具有可比性，对于采用完全不同的税收制度的两个国家的企业则作用不大。

本书研究的缺陷部分出自作者自身原因，部分是由于客观情况所限，在许多方面仍有待提升。

后续研究展望：

目前，国际市场正在经历第五次并购浪潮。当前，受到自 2008 年开始的经济危机的影响，许多中国企业在国际市场上沉浮，同时也有许多曾经的国际知名企业在危机面前，甩掉边缘化的业务并专注于企业的核心业务。中国商界、学界都流传着一种中国企业"全球抄底"的声音。在这种趋势下，中国企业的跨国并购无论从规模上还是频率上都会不断增加，对跨国并购渠道整合的研究也需要更加深入。

对于企业跨国并购中的渠道整合，今后的研究将从以下几个方面展开：

首先，渠道整合与人力资源整合的关系。对于许多企业来说，关键的渠道往往掌握在少数关键的人员手中，这类人员的流失会带着企业的客户，使渠道资产只剩下空洞的硬件，价值大幅缩水。

第二，企业跨国并购渠道整合，离不开对渠道资质的评估和选择。渠道成员的忠诚度和相互之间的信任能够降低机会主义的倾向，进而促使渠道成员之间以及渠道成员与厂商更多地进行合作，实现双赢的局面。在跨国并购整合中，如何评价和选择中间商，将是未来研究的一个重要问题。

第三，渠道关系的培养。所有受到尊重的企业并非完全因为其超高的营利性或超常的股价，受到尊重的企业在对待社会公众和渠道成员时，表现出超常的责任感。帮助渠道成员提高运营管理能力、构筑硬件设施、提升人员素质，受益的并非只是渠道成员本身。在跨国并购渠道整合中，中国企业要寻求国际渠道伙伴的认同，一方面要靠提升本企业的营销管理水平，另一方面也要增强企业的国际客户关系管理能力。

　　跨国并购是机遇还是泥潭？很多时候，在并购整合开始前企业都无法看到目标企业的真实面目。更多时候，看似优质的资产只不过是一块粉刷的五颜六色的石头。因此，中国企业在选择并购目标时，需要进行完善的调查和审慎的研究。相对于事前研究，企业并购整合的重要性在于，只有完善的整合规划、合适的整合策略才能发掘出隐藏于石头中的翡翠。

参考文献：

　　[1] Sun J. Analysis of Lenovo globalization strategy and enlightenment to Chinese enterprises [J]. Canadian Social Science, 2012 (02): 86 – 89.

　　[2] Cathcrine Ladousse. How Lenovo deploys powerful creative sponsorship activation techniques for a global brand [J]. Journal of Sponsorship. 2009: 199 – 105.

　　[3] Anand S. Lenovo and NEC combine their Japan PC businesses [J]. Financeasia, February, 2011: 66 – 67.

　　[4] Julian Chu, Troy Pike. Integrated multi-channel retailing (IMCR): A roadmap to the future [R]. IBM Institute for Business Value.

　　[5] Barney J Firm resources and sustained competitive advantage [J]. Journal of Management, 1991, 17 (1): 99 – 120.

　　[6] Ralf W Seiferta, Ulrich W Thonemannb, Marcel A Siekeb. Integrating direct and indirect sales channels under decentralized [D]. Department of Supply Chain Management and Management Science, University of Cologne, 2005.

　　[7] Timothy J. Sturgeon, Momoko Kawakami. Global value chains in the electronics industry: was the crisis a window of opportunity for developing countries? [R]. The World Bank, 2010 (09).

　　[8] Yin Y Y, Holland R, Qin S F, Wu W C. Development of a customer experience-based brand strategy for the Lenovo Group to explore the UK market [J]. Design Management Journal, 2008, 3 (1): 60 – 68.

　　[9] Palmatier R W, et al. Sales channel integration after mergers and acquisitions: A methodological approach for avoiding common pitfalls [J]. Industrial Marketing Management, 2007 (36): 589 – 603.

[10] 林季红、刘莹:《中国企业海外并购绩效研究——以并购整合为视角》,载《厦门大学学报(哲学社会科学版)》2013年第6期。

[11] 倪中新、花静云、武凯文:《我国企业的"走出去"战略成功吗?——中国企业跨国并购绩效的测度及其影响因素的实证研究》,载《国际贸易问题》2014年第8期。

[12] 王桂林、庄贵军:《中国营销渠道中企业间信任的概念模型》,载《当代经济科学》2004年第1期。

[13] 魏奇:《基于SCM的中国汽车营销渠道整合研究》,同济大学硕士论文,2007年。

[14] 亚历山大·里德·拉杰科斯:《并购的艺术:整合》,中国财政经济出版社2001年版。

[15] 田晓:《企业并购后品牌生态战略构建及其整合系统研究》,天津大学博士论文,2008年。

[16] 谢学军、吉鸿荣、陈婧:《企业并购整合过程中的知识转移研究》,载《情报杂志》2009年第12期。

[17] 马克·N.克莱门特,大卫·S.格林斯潘,王华玉译:《并购制胜战略》,机械工业出版社2003年版。

[18] 高良谋:《购并后整合管理研究——基于中国上市公司的实证分析》,载《管理世界》2003年第12期。

[19] 唐赵芯:《企业并购后的管理整合》,载《中国商贸》2010年第2期。

[20] 张洁梅:《企业并购整合研究现状综述》,载《商业时代》2011年第12期。

[21] 韩静、张利:《战略并购知识资源整合风险管理系统的构建》,载《现代管理科学》2010年第7期。

[22] 李广明:《中国制造企业跨国并购后整合模式的有效性研究》,载《科学学与科学技术管理》2006年第8期。

[23] 王菁、田满文:《上市公司并购整合效率的影响因素新探》,载《四川大学学报(哲学社会科学版)》2010年第1期。

[24] 张金鑫、张秋生、李霞:《并购绩效的经验研究方法》,载《北京交通大学学报(社会科学版)》2007年第6期。

[25] 张洁梅:《核心能力与企业并购整合绩效的关系研究》,载《华北水利水电学院学报(社科版)》2009年第3期。

［26］王媛、罗锡勇：《渠道管理理论与模型研究》，载《安徽工业大学学报（社会科学版)》2006 年第 3 期。

［27］侯宝毅：《IT 制造业分销渠道的设计与管理》，复旦大学硕士论文，2005 年。

［28］李飞：《分销渠道：设计与管理》，清华大学出版社 2003 年版。

［29］路易斯·W·斯特恩等，赵平译：《市场营销渠道（第五版)》，清华大学出版社 2002 年版。

［30］庄贵军：《权利、冲突与合作：西方的渠道行为理论》，载《北京商学院院报》2000 年版。

［31］张怡菲：《基于核心能力的企业并购后整合模式研究》，北京交通大学硕士论文，2012 年。

［32］许晖、冯永春、许守任：《基于动态匹配视角的供应商与关键客户关系的构建与演进》，载《管理世界》2014 年第 4 期。

［33］孙永玲、谢少华：《战略中心型组织 SFO——企业绩效管理 BPM 的全球最佳实践》，载《首席财务管理》2006 年第 3 期。

［34］庄贵军：《营销渠道管理（第二版)》，北京大学出版社 2012 年版。

第四章

企业跨国并购中的客户关系整合研究

随着全球一体化进程的加快，越来越多的中国企业选择了国际化的发展战略，而跨国并购这一对外直接投资方式也越来越受到国内企业的重视和利用。联想、吉利、中联重科等制造业企业都选择了这种国际化的发展战略。然而，事实证明，跨国并购风险大并且易失败，而导致失败的最重要原因是并购后的整合不能顺利进行。近年来，关于并后整合方面的研究主要涉及到文化、人力资源、品牌、技术等无形资源方面，关于客户关系资源整合的研究涉及较少。而客户关系作为一种特殊的无形资源，有着自身的特性，并且客户关系整合绩效直接关系到跨国并购后并购双方的关键客户能否继续维持合作。

本章首先分析了客户关系作为无形资源所具备的资源特性及其对跨国并购整合的影响；其次在此基础上，阐明了客户关系整合与其他无形资源整合的关系，进而构建了跨国并购中客户关系整合的理论框架。跨国并购后的客户关系整合是一个复杂的过程，客户关系整合涉及到文化、品牌、渠道、人力资源等多个方面；再次，基于对各种影响跨国并购中客户关系整合的因素进行分析，确定了跨国并购客户关系整合的内容并提出了客户关系整合的策略等，并且阐明文化整合在客户关系整合过程中的重要作用，而且文化整合不仅涉及到并购双方企业文化的整合还涉及到并购双方与关键客户的文化整合；最后，对联想和吉利两个制造业中具有代表性的企业进行跨国并购后客户关系整合的实践案例分析，总结两个企业客户关系的整合策略和措施并衡量企业跨国并购后客户关系整合的效果，最终通过两个企业跨国并购后客户关系整合的比较分析，发现我国企业在跨国并购后的客户关系整合方面的问题并提出改进建议。

关键词：跨国并购；并后整合；客户关系生命周期；文化整合；客户关系质量；动态适配

一、问题提出

（一）研究背景

自我国加入 WTO 及实施"走出去"战略以来，越来越多的企业在巩固国内市场地位的同时，开始将触角伸向了海外市场，而跨国并购作为对外直接投资的一种主要方式越来越成为国内企业跨出国门、扩张海外市场的途径选择。据我国商务部的统计数据显示，2008 年我国对外直接投资净流量为 559.1 亿美元，其中，通过跨国并购实现的对外直接投资达 302 亿美元，占当年对外直接投资净流量总额的 54%。2012 年、2013 年两年以兼并收购方式实现的对外直接投资额仍保持增势，分别为 434.0 亿美元、529.0 亿美元，分别占当年全部对外投资净流量的 31.4%、31.3%[①]。由此看出，跨国并购已经成为我国企业对外投资、参与国际市场竞争和开展国际化经营的重要方式。

跨国并购与企业国际品牌战略的制定和动态调整、海外渠道体系建设、客户关系开发等密切相关。企业通过跨国并购，可以获取国际知名品牌及其背后的战略资源，加快企业国际化进程。例如，2005 年 5 月联想完成了对于 IBM 全球个人电脑业务的收购，并获得了 IBM 公司的两个子品牌 ThinkPad 和 ThinkCentre 的所有权和母品牌"IBM"五年的许可使用权，联想集团希望利用"IBM"这一著名公司品牌的庇护，继续销售 Think 系列的电脑产品，快速扩大企业在国际高端市场的收入。2010 年 8 月中国吉利又以 18 亿美元的价格收购了福特旗下的汽车制造商沃尔沃汽车公司100% 的股份等。我国企业发起的跨国并购仍然在如火如荼地进行中。但是一些调查表明，跨国并购后，中国企业在国际市场的业绩却并不那么可观。

相对于出口、国际战略联盟、特许经营等国际化经营方式，跨国并购有助于企业获取战略性资源、提升品牌知名度和获得更高收益，但其投入资源也更多，要承担的风险也更大。国内外众多研究表明，跨国并购的失

---

① 资料来源：中华人民共和国商务部网站，http://www.mofcom.gov.cn/date.html。

败率非常高。无论是联想收购 IBM PC 业务，还是 TCL 集团的一连串收购，在收购以后，国外的市场份额并没有增长反而出现了下降，海外业务出现亏损，核心员工流失。究其原因，往往并不在于并购事件本身，而在于忽略了对并购后整合的管理。尽管造成这种情况的原因是多方面的，但是缺乏并购之后的有效整合是一个至关重要的原因。

根据美国科尔尼公司（A. T. Kearney）对于企业并购的调查结果，企业并购失败的主要原因有并购前的并购目标制定错误、并购过程中谈判失败以及并购后的整合，而三者当中，并购后整合的失败约占53%，是并购失败的主要原因。

跨国并购后的整合问题对于跨国并购经验尚浅的中国企业来讲，无疑是难上加难。目前，多数企业的跨国并购只注重有形资源的配置与重组，对于文化、人力资源、品牌、渠道、客户关系等无形资源的整合没有足够的重视，学术界对于并购后的客户关系整合也没有给予重视和研究。本章从企业并购后整合的角度，基于客户关系特性的分析，研究企业跨国并购后的客户关系整合，揭示客户关系整合的影响因素，研究客户关系整合与文化整合、人力资源整合、品牌整合、渠道整合之间的密切关系，从而确定跨国企业并购后的客户关系整合的流程、内容以及客户关系的整合策略，为中国企业跨国并购整合管理提供理论方法参考，进而推动中国企业跨国并购整合绩效的提升。

（二）研究目的和研究内容

客户关系是企业重要的市场类无形资源，客户关系整合是企业跨国并购整合管理的重要内容。在跨国并购中，客户关系整合绩效关系到国外被并购方所培育的客户资源能否得到维护和充分利用，进而在一定程度上决定着跨国并购整体绩效。本章基于对客户关系资源特性及其与其他无形资源整合的关系的分析，建立跨国并购中客户关系整合分析框架；并在此基础上，对客户关系整合过程、整合内容、整合策略等问题进行研究，阐明跨国并购中客户关系转移的影响因素和整合策略的适用性，为加强我国企业跨国并购整合管理、提高并购整合绩效提供理论和方法的参考。

研究内容包括：

（1）分析客户关系资源特性及其对跨国并购整合的影响；在此基础上，阐明跨国并购中客户关系整合与其他资源整合的关系，进而构建跨国并购中客户关系整合理论分析框架。

（2）对文化差异、市场定位调整、销售团队整合等影响跨国并购中客户关系资源转移的因素进行分析，为形成跨国并购后客户关系整合管理的思路，梳理归纳客户关系整合内容及提出客户关系整合策略等提供依据。

（3）对跨国并购中的中间商客户关系的整合策略进行比较研究和案例研究，探讨各种整合策略的适用性，为企业选择整合策略提供理论和方法的参考。

（三）研究思路和研究方法

第一，基于国内外文献研究和对我国企业跨国并购现状的调查分析，提出要解决的问题。

第二，对客户关系的资源特性及其对企业跨国并购整合的影响进行分析。客户关系整合与品牌、人力资源、文化等无形资源整合存在紧密关系，通过分析这种关系，为跨国并购中客户关系整合策略的提出提供理论依据。

第三，研究企业跨国并购客户关系的整合策略和措施。

第四，采用案例分析的方法，分析联想和吉利的跨国并购中客户关系的整合策略和整合效果，找出各自的问题并提出解决方案，最终通过对比分析提出客户关系整合策略选择和整合过程中需要注意的问题，为我国企业跨国并购整合实践提供理论和方法上的参考。

本章将采用文献研究、案例研究、比较研究等研究方法。其中，文献研究主要回顾国内外对于跨国并购整合的研究成果，形成跨国并购客户关系整合问题研究的理论基础。在实证研究方面，主要是结合我国企业近几年跨国并购实践中遇到的并购整合问题，对于理论分析得出的整合策略进行分析验证，并阐明客户关系整合策略的适用性。

二、相关理论综述

跨国并购是企业快速进入国际市场，拓展市场并实现资源优化配置的途径之一。国内外对于跨国并购的研究广泛，并且提出了形形色色的理论或假说。本节将梳理总结前人在企业跨国并购整合、渠道整合以及客户关系转移和维护等方面的理论成果，从而为客户关系整合的分析探讨奠定理论基础。

(一) 跨国并购整合理论

国内外关于跨国并购的理论已相对较为成熟，大部分都是基于跨国并购的动因分析、跨国并购策略的选择、跨国并购效应的界定以及政府政策的选择等。而跨国并购后的整合理论相对较少，鉴于并购整合无论是国内并购还是跨国并购在理论方面均具有一定的共性，下面将对并购后整合的理论进行归纳整理。

1. 加强并后整合管理的重要性

理论界在探究并购失败原因的研究中，发现并购整合的重要性。哈斯帕拉夫、杰米森（Haspeslagh and Jemison，1991）指出，并购价值都是在并购交易后创造出来的，即公司价值的创造有赖于并购整合的过程；并购后整合成功意味着并购战略的有效实施，而并购后整合不力将导致整个并购前功尽弃。哈贝克等（Habeck et al.，2000）经调查研究发现，因并购后整合失败导致整个跨国并购失败的比例高达53%，他们将跨国并购失败主要归因于跨国并购后整合的失败。贝尔切（Belcher et al.，2000）则认为，文化差异是导致跨国并购失败的主要原因，而且跨国并购中实施文化整合策略可以保证跨国并购的顺利进行。

企业跨国并购整合的最终目的有三个：一是创造和增加企业价值，而创造价值是通过企业能力的保护、积累、转移和扩散来实现的，因此企业并购后整合强调的是能力基础上的融合；二是促使异质企业文化下的资源转化为同质企业文化下的资源，加强企业管理者对资源的控制和协调；三是企业并购后整合不仅涉及到被并购企业的有形资源，更重要的是无形资源（姚水洪，2005）。

2. 跨国并购整合内容

关于并购后整合，拉杰科斯（2001）将企业跨国并购后的资源整合（包括保留和整合人力资源、整合金融资源及有形资源和整合商誉及其他无形资源）、流程整合（包括整合管理系统、报酬计划、技术与创新）、社会责任的整合（包括履行对顾客和供应商的承诺、履行对股东、债券持有者和贷款者的承诺、履行对雇员和社区的承诺等）列为并购整合的主要方面。王珂、张晓东（2000）将并购整合划分为五类，即资产负债整合、组织制度整合、生产经营整合、人力资源整合和企业文化整合。张秋生、王东（2001）将跨国企业并购后的整合内容划分为战略整合、业务活动整合、管理活动整合、组织机构整合、人事整合、文化整合六个部分。

魏江（2002）提出，企业并购整合是一个系统过程，该过程应围绕企业核心能力构筑和培育来展开，由于企业购并后的资源和能力整合包含在组织系统、文化系统、人力资源系统、技术系统等职能和活动中，所有这些职能和活动的整合都应以构筑和培育核心能力为导向，这也是企业并购成功的战略保证。

企业并购后可以获得的资源分为有形资源和无形资源。在经济、科技快速发展的背景下，任何有形资源的独特性都不可能保持长久；无形资源的难以模仿性和稀缺性使得其成为企业发展的战略性资源。企业并购后对无形资源的整合管理才是决定并购成败的关键（刘文纲等，2007）。企业的无形资源主要是：人力资源、品牌资源、技术资源、渠道资源、客户关系资源等。国内学术界已经对企业并购后无形资源整合方面进行了一定的研究。例如，谢文辉（2000）、潘爱玲（2004）、秦剑（2005）、叶映（2004）等分别对并购后的文化整合、财务整合、战略整合、人力资源整合等进行了专门研究。

企业资源论提出，企业并购其实是为了获得有利于企业发展的不同资源，这种资源应该具有稀缺性、不可模仿性、价值性和不可替代性等，并且这些资源能够给企业带来独特的竞争优势（Barney，1991）。之前的企业并购，多被认为是为了获得硬件设备、技术等资源；而资源的基础论认为企业进行并购的原因是为了获得企业不具备的异质资源。而客户关系作为一种无形资源并不是独立存在的，它与品牌、渠道资源等相互作用相互影响。因此，要想整合客户关系资源必须同时兼顾其他无形资源如品牌资源、渠道资源、人力资源等的整合。

韩静和张利（2010）认为，企业在"战略并购"过程中进行关系资源的整合存在风险。他们认为关系资源分为纵向关系资源、横向关系资源和网络关系资源，而企业的纵向关系资源整合难度较大，也较具有现实意义。所以整合的成功与否变得至关重要，直接关系到企业并购后的命运，特别是当企业进行横向并购时，并购的纵向关系资源涉及到原有的供应商和顾客单元的情况下。通常情况下，纵向关系资源的整合风险包括：分销渠道的整合风险、品牌的整合风险和客户关系的整合风险。

李善民和刘永新（2010）提出并购的价值创造取决于并购后的整合。并购的整合效果可以从两个方面来测量，一是并购以后企业成本的缩减即达到规模效应；二是市场状况的变化即达到提高市场占有率的目标。并购以后，公司的市场绩效通常被定义为并购后的公司市场营销和进行市场运作所带来的效果，比如市场份额的提高、销售量的增加以及客户资源的共享，等等。一般情况下，市场绩效的提高取决于并购以后营业收入的增加；而营业收入的改善和市场业绩的提高又取决于并购以后并购公司的议价能力和客户关系管理能力的提高等，比如并购后产品和服务选择的增加、客户资源的共享对于销售的影响以及与客户的谈判地位得以改善等。

而中国企业进行跨国并购后进行整合的一个很重要的特征是资源的双向转移，希望并购双方之间能够互相取长补短从而实现协同效应，这也是弱势并购的必然结果（李广明，2006）。中国企业并购比自身存续时间长、实力比自身强的企业，无论是在文化还是在能力方面都不及被并购方，所以，不能使用居高临下的方式进行整合，而必须要去发现并购双方的优点和长处，从而实现优势方面的互补。

企业并购整合过程中，是否能够有效地将无形资源转移并且使其达到消化吸收，是企业整合成败的关键因素。而企业的客户关系资源是无形资源中很重要的一个部分，其能否得到有效整合将决定着企业能否开拓更为广阔的市场，赢得更多的客户关系，使企业产生更大的市场影响力。而客户关系的整合存在着一定的难度，因为客户关系作为无形资源的整合与企业的其他无形资源息息相关，如人力资源、品牌资源、企业的商誉，以及文化资源等。而企业文化对于企业的深刻影响以及两个企业文化方面的差异很大程度上决定了客户关系的整合是否可以取得成功。从这方面来说的话，企业的客户关系整合应该不仅仅停留在表面，而应该深入到企业的文化层次，从而提升企业在文化方面的内涵，减少在文化方面的差异，进而为客户提供更好的服务，维持和赢得更多的客户关系资源。

3. 跨国并购整合方式

常见的并购整合方式方法有：吸收模式、保护模式、共生模式和新设模式（Haspeslagh and Jemison，1991）。如果并购方在制度、组织、机制和文化上明显优于被并购方，但并购双方拒绝整合，宜采用吸收模式。在这种模式下企业冲突不明显，整合成本低、时间短，并购企业的优秀文化扩散到被并购企业；如果并购方在制度、组织、机制和文化上均优于被并购方，且被并购方的地位明显较弱，宜采取保护模式。这种模式下企业冲突激烈，整合风险大、成本高，企业家是整合的发动者和推进者，并购企业的优秀文化被扩散；如果并购双方在制度、组织、机制和文化上各有特色和优势，宜采用分立模式，或称共生模式。这种模式下整合的过程平稳，整合双方生产经营的波动不大，双方的独立性被保护，且优势互补；如果并购双方在制度、组织、机制和文化上均有一定的缺陷，宜采用新设模式。这种模式下企业冲突不大，但整合成本较高、风险大，整合成功后绩效明显。企业并购后究竟以何种方式进行整合，主要取决于两个因素：一是并购双方企业制度、组织、机制和文化上的差异性；二是并购后企业的发展战略的特点和要求。在企业并购后的实际整合过程中，往往不是单纯地选择以上的某一种模式，一般情况下是针对具体内容采用不同的模式进行整合。

项保华、殷瑾（2001）从并购双方组织文化强度和经营业务的相关性两个维度考虑，提出了并后整合的四种模式：（1）并购方公司在具有弱组织文化情况下实施非相关并购战略，并后整合时应保持被并购公司经营业务与组织文化的相对独立性，而只宜对财务、营销、人事等方面的管理制度层面实施整合工作；（2）并购方公司在具有弱组织文化情况下实施相关并购战略，并购整合应围绕业务整合和制度整合展开，而双方组织文化相对独立；（3）具有强组织文化的公司实施非相关并购，并购整合应从组织文化和管理制度层面进行；（4）具有强组织文化的公司在实施相关并购战略时，公司应从管理制度、经营业务、组织文化等各个层面，对并购双方进行全面整合工作，以达到最大的并购协同效应。

（二）渠道管理和渠道整合

营销渠道是指一系列相互独立的组织机构，它们主要从事于为最终的消费者或使用者提供产品或服务的活动。营销渠道作为营销组合的要素之一，曾被认为最不重要。然而，近些年来，企业获取持续竞争力更加困难，中间商尤其是零售商的渠道权力日益增长，制造商越来越将渠道看作是一项战略性资产，渠道决策对企业在市场上的整体地位与成功具有战略性意义。营销渠道成员主要包括供应商、生产商和中间商（批发商、代理商、零售商）等。而本章研究的关于客户关系的整合主要是指营销渠道中制造商与中间商的客户关系。

西方关于渠道的理论研究集中在三大领域：一是研究渠道的结构；二是研究渠道的行为；三是研究渠道关系。渠道结构研究主要针对渠道产生、结构演变、渠道设计等问题，重点分析如何提高渠道的效率和效益；渠道行为研究主要针对渠道权力、渠道冲突、合作和谈判等问题；渠道关系则以关系和联盟为研究重点，对如何在渠道成员之间建立互助互惠的伙伴关系进行探索分析。当前渠道管理理论研究主要集中于渠道控制理论与关系营销理论，这两种理论在渠道管理中是共存的，有效地综合运用两者，就能更好地进行渠道管理。关于关系营销，是指建立、协调和维持企业在生产经营中诸方关系的行为，是巩固和发展企业与消费者、供应商、合作伙伴、金融、政府部门以及企业内部员工关系的活动。关系营销体现合作的观念，中心任务是协调各方面关系。

关系营销理论认为，营销活动是企业与消费者、供应商、政府、社区等利益相关者发生互动作用的过程，其核心是建立和发展与这些利益相关者的良好关系。关系营销强调双方的沟通、信任、双赢。关系营销还提出了有效顾客接触、顾客细分、顾客满意度与忠诚度提升、顾客数据库挖掘等 CRM 工具。

（三）客户关系的维护和转移

1. 客户关系的重要性

20 世纪末，市场营销学理论产生了巨大变化，其中，营销学中的"关系"范式的出现影响最大。"关系"范式是以关系营销理论为代表的，在 1983 年美国市场营销学会的一份报告中，德克萨斯 A&M 大学的伦纳德·贝利（Leonard Berry）教授指出了"关系营销就是吸引、维持和增强客户关系"，由此关系营销登上了营销界的舞台，80 年代末到 90 年代关系营销理论开始迅速发展，而客户关系也越来越受到人们的重视。

埃得文森、沙利文（1996）认为，客户资本是指企业与业务往来者之间组织关系的价值，是客户与企业保持业务往来关系的可能性，它由客户库、营销渠道、企业信誉、服务力量和忠诚度等基础要素所构成；客户资本的关系部分存在于企业的人力资本中，同时也是企业结构性资本的一部分。与关键客户发展关系不仅是供应商进行市场营销的一种策略，而且还是一种投资，良好的合作关系能为企业带来重要的市场信息与资源，有助于企业提高核心能力，以应对市场环境变化（Sengupta et al.，1997）。

李凤云和钟俊（2002）提出，随着各种现代技术的发展，使企业通过产品的差别化来细分市场从而创造企业价值变得越来越困难。企业在市场中获胜的要素组合，例如资源、人力、信息、资本等都可以很快被竞争对手复制。企业的核心竞争力成为企业竞争制胜的唯一特有优势，而其中企业全面掌握的客户信息、对客户需求的了解以及良好的客户关系本身，在核心竞争力体系中的地位愈加突出。所以，企业有必要也有可能对面向客户的各项信息和活动进行集成，组建以客户为中心的企业，实现对客户活动的全面管理，促进企业建设自身核心竞争力的速度和深度。

过聚荣、邹适融（2007）在企业客户关系的特性分析及其治理机制研究中提出，客户关系是关键性资源，原因是市场竞争的日益激烈使得企业应将注意力集中于客户才能为获取竞争优势奠定基础；客户需求的变化及其个性化，使得企业应该提供非集中化的差异化服务以获取更高利润吸引有价值的客户；客户对于服务流程的要求日益提高；信息技术的快速发展以及客户资源的流失将会对企业造成严重的损失。客户关系具有关键性资源的特征：（1）渗透力，即客户之间的口口相传；（2）附着度，即一家公司能够在多大程度上与其供应商或中间商等合作取决于其可以创建的附着度和客户忠诚度；（3）共生性，客户关系的形成是企业与客户共同努力的结果；（4）客户关系还具备外生性，即客户关系的产生、维护和应用不是企业单独作用，还取决于客户的价值观、态度和其他心理特征，而且客户忠诚的培养和维系不仅因竞争对手及其策略变化而变化，而且还因其他环境变化而改变。

2. 客户关系的构建与发展

许晖等人（2014）研究发现，供应商与关键客户间的关系及其演化过程受不同层次、不同内容的匹配影响；其中，流程层次的运营匹配（如生产能力、质量保证、供应保障能力等）对供应商与关键客户的关系构建具有直接影响；结构层次的组织匹配（如设立专门的分公司）和人员匹配（如设置专属的项目团队）影响供应商与关键客户关系的拓展；战略层次的战略匹配和文化匹配影响供应商与关键客户间承诺的建立；而运营不匹配会对供应商与关键客户间的合作关系产生严重影响。

周洁如等人（2007）提出，可以从客户关系的三个维度即客户关系的广度、长度和深度来测量企业与客户的关系状况，进而为企业成功管理客户关系奠定基础。其中，客户关系的广度是指企业拥有客户关系的数量，包括获得新客户的数量、维护老客户的数量，及重新获得的流失客户的数量；客户关系的长度，即客户关系的生命周期长短；客户关系的深度，体现了企业与客户双方关系的质量，是客户关系渗透能力的具体表现。

禹良俊（2006）认为，客户资源流失的重要原因是公司人员流动，特别是公司的营销管理人员的离职变动很容易带来相应客户资源的流失；同样，竞争对手的争夺、市场的波动、销售细节方面的疏忽、诚信问题的出现、企业客户管理的能力、企业管理的失衡（例如只重视大客户而忽略小客户）等都会造成客户资源的流失。

3. 跨国并购对客户关系的影响

国内外学者们主要从平衡理论、认知失调理论和消费者民族中心主义等不同视角研究跨国并购对品牌形象和客户关系的影响（姚鹏等，2015）。

在"蛇吞象"式跨国并购条件下，出于对并购后弱势品牌是否有能力对强势品牌进行有效管理的猜测和质疑，消费者会对强势品牌的未来产生不确定性预期，这最终会影响消费者对强势品牌的评价及其未来的购买行为（Bekier and Shelton，2002）。李（Lee et al.，2011）研究发现，在"蛇吞象"式跨国并购条件下，强势品牌的品牌形象会显著下降，弱势品牌的品牌形象会显著上升；同时，消费者对强势品牌的品牌联想、品牌忠诚度和感知质量会显著降低，其中品牌联想下降最大，这势必会影响到消费者的购买意愿。

当一国强势品牌被另一国弱势品牌收购时，消费者民族中心主义促使消费者对被并购的强势品牌持负面态度并减少购买，进而影响其品牌价值（汪涛等，2012）。黄韫慧和施俊琦（2009）以联想收购 IBM 的 ThinkPad 品牌为刺激材料的心理学实验表明，本国弱势品牌收购国外强势品牌后，尽管消费者购买国货的心理预期得到了满足，但是消费者对强势品牌的评价仍然会显著下降，原因是未来不确定性预期的影响超过了民族中心主义的影响。

（四）文献评述

综上所述，国内外关于并购整合的文献可以说包罗万象，涉及到了很多的整合内容，以及整合的方式方法策略等。通过文献梳理发现，关于并购整合的文献对于企业文化整合、人力资源整合、业务整合、财务整合等方面的研究较多，近年来对于品牌资源、技术资源方面的整合研究开始有所涉及，但对于客户关系整合的研究却极少。而客户关系整合对于企业并购成败的影响是一个值得深入探讨的问题，但实际上对于客户关系整合却往往被企业忽视，结果导致了企业并购后客户关系流失，客户资源减少，从而导致并购的失败。

而且，在并购整合方面的实证研究远远不足，大多数的实证研究是研究企业上市以后的财务指标，从而以此来评价并购后的整合绩效。除了财务和股价之外，还有很多综合性的因素，比如企业的长期发展的潜力、企业的市场影响力等影响着企业并购后的整合绩效。另外，在众多的案例研究中，单个案例的深入研究较少，从而不能很好地检验理论的实用性从而有效地指导实践。

本章则在前人理论的基础上，界定要研究的客户关系主要是渠道中的客户关系，即制造商和中间商的关系，通过对于客户关系自身特点、影响因素等的分析，制定出整合客户关系的策略并对策略的适用性进行研究，以及提出加强跨国并购中客户关系整合管理的对策建议，并通过案例的深入研究进一步说明理论框架。

三、客户关系资源特性及其对跨国并购整合的影响

客户关系是企业很重要的无形资源，而客户关系又有着自身的特性，本节将分析客户关系的隐默性、适配性和共生性等资源特性，并进一步阐明这些特性对跨国并购后客户关系整合的影响。

（一）客户关系的定义

客户关系是指在某一供应链上下游不同环节的组织之间所形成的、具有持续性的交易及合作关系。客户关系可以分为企业与上游供应商的关系、与下游加工制造商的关系、与中间商的关系、与最终消费者的关系等。

根据客户关系强度，可以将客户关系分为以下几种：一是简单的交易

关系，即客户只是购买供应商所提供的产品或服务，维护交易关系的成本与关系创造的价值均极低。无论是企业损失客户还是客户丧失这一供货渠道，对双方业务并无太大影响。二是优先供应关系，在此关系水平上，企业需要投入较多的资源维护客户关系，主要包括给予关键客户的销售优惠政策、优先考虑其供应需求、建立专属的项目团队，加强双方人员交流等。三是合作伙伴关系，在此关系中，企业深刻地了解客户的需求并进行客户导向的投资，双方人员共同探讨行动计划并期望长期合作，企业对竞争对手形成了很高的进入壁垒。四是战略联盟关系，即双方有着正式或非正式的联盟关系，双方的战略目标和愿景高度一致，双方可能有相互的股权关系或成立合资企业。在战略联盟关系下，两个企业通过共同安排争取更大的市场份额与利润，竞争对手进入这一领域存在极大的难度。现代企业的竞争不再是企业与企业之间的竞争，而是一个供应链体系与另一个供应链体系之间的竞争，供应商与客户之间的关系是"内部关系外部化"的体现。

本章主要研究供应链上制造商和中间商的关系。联想收购 IBM 的 PC 业务中，联想顺利进入了国际市场，但是其在国际市场上的市场份额的表现却不尽如人意，客户关系难以得到维持和发展，这主要是指联想和中间商的客户关系，而并非与广大顾客的直接关系。

（二）客户关系的资源特性

客户关系作为无形资源的一种，不仅具有隐默性、适配性等无形资源的共性特征，还具有共生性、动态性等特征，而且受限于其本身具有的这些特征，使得在跨国并购中客户关系的维护和发展往往难以顺利实现。当然客户关系的渗透力，即客户之间的口碑传播会严重影响公司形象的树立，也使得跨国并购后客户关系的整合变得非常必要。

1. 客户关系的隐默性

与机器、厂房等有形资源的独立性、规范性、可交易性不同，无形资源具有隐默性和适配性等特征。其中，隐默性是指无形资源的规范性、系统性和透明性往往较差，因此不易传递给其他人，也不易被模仿；其他人或组织若想掌握有关知识，需要付出较高的模仿成本或培训成本，正所谓"知而不能言者众"。隐默性特征源自无形资源对特定员工或群体的依赖性，特别是对个人经验的依赖。正是由于无形资源具有隐默性，使得无形资源具有与特定员工或团队的不可分割性，进而使得无形资源在不同组织之间的转移往往难以顺利进行。

客户关系属于市场类无形资源，同样具有隐默性。从关系的形成过程看，客户关系是基于交易双方的营销人员之间的不断沟通、洽谈、协商及互相学习、服务、督促而逐步形成的。因此，关于客户的个性、态度、动机、沟通方式偏好、可靠性（兑现承诺、履行义务的程度）等知识只是往往被特定的营销人员所掌握，而且由于这些知识严重依赖于营销人员的个人经验甚至知觉，这使得客户知识与这些员工具有显著的不可分割性。如果原有的营销人员离开了企业，那么客户关系有可能退化或者被带走。由于客户关系具有隐默性，因此，在跨国并购中，客户关系的转移效果在很大程度上取决于人力资源整合的效果，而人力资源整合又与文化整合密切相关，从而客户关系的整合与人力资源整合、文化整合等无形资源的整合密不可分。

2. 客户关系的适配性

适配（Fit）的概念源自种群生态学模型和传统权变理论，并已被运用到多个管理学科领域。在企业运营管理中，适配性是指某种资源效能的充分发挥必须依赖于其他资源的配合和特定组织情境的支持，否则资源效能的发挥将受到一定程度的制约。无形资源的适配性强调的就是资源对特定组织情境的嵌入性。正是由于无形资源具有适配性，使得无形资源具有与特定组织的不可分割性。

客户关系同样具有适配性。长期稳定的客户关系是一种建立在客户满意、客户信任基础上的合作关系，这种关系首先是本企业员工经过长期努力和大量投入逐步培育起来的战略性资源。客户关系以上游供应商提供给下游经销商或使用者足够的价值或满足需要的产品为基础，以供应商的技术能力、质量保证、客户服务能力、市场声誉等无形资源为支撑，以经营理念、经营目标认同为保证。如果失去了这些资源的支持，或者说，脱离了"生之养之"的内部组织情境以及组织间的适配，客户关系也就失去了存在的基础，进而导致客户关系的退化甚至瓦解。在企业并购中，客户关系赖以生存的组织情境极容易被打破，进而导致客户资源的流失。

此外，客户关系的适配性还指的是供应商与客户之间的适配，这种适配具有多层次性和阶段性，即在客户关系演进的不同阶段适配层次和适配内容有所不同（许晖等，2014）。如图 4 - 1 所示，在知晓阶段，双方之间的关系仅属于潜在客户关系，尚未产生任何层次的适配；在探索阶段，双方通过技术、质量、生产能力、服务能力等方面的运营适配进而建立起初级的客户关系，但交易规模尚较小，合作项目仍较少；在拓展阶段，通过组织适配和人员适配，双方的信任和相互依赖关系得到加强，随之，运营适配得到提升，客户关系从基本的交易关系上升为合作伙伴关系；在承诺阶段，双方通过战略适配和文化适配进一步深化合作关系，推动价值共创，实现共同发展，这时双方关系进一步上升为战略联盟关系，渠道互依程度进一步提高。①

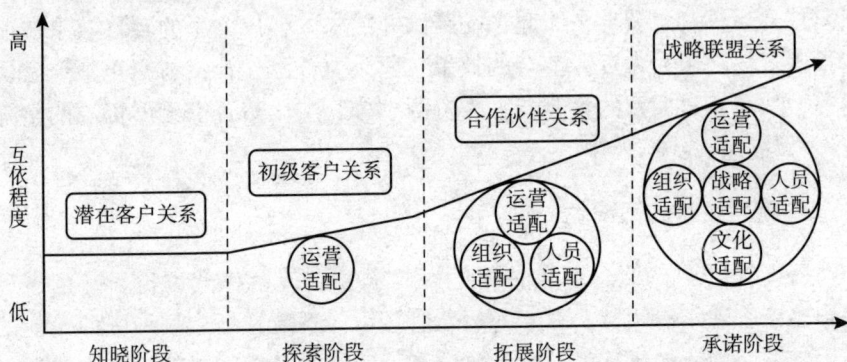

图 4 - 1   客户关系生命周期、客户关系强度与适配内容

注：许晖、冯永春、许守任：《基于动态匹配视角的供应商与关键客户关系的构建与演进》，载《管理世界》2014 年第 4 期，第 107 ~ 123 页。

3. 客户关系的共生性

客户关系的形成是供应商和客户共同努力、相互作用的结果。虽然在客户关系的建立、拓展和维系中供应商可能发挥了主导作用，但客户的态度、信任、承诺、战略匹配等因素同样重要。离开了客户的努力，客户关系很难建立或长期发展下去。事实上，客户恰恰是并购方企业学习的重要对象，是企业知识资产的重要源泉，是促使企业创新的重要因素。此外，客户关系的建立和发展还与外部环境有密切关系，竞争者策略的调整、经

---

① 渠道互依是中间商渠道存在的基础，互依程度反映的是渠道成员所提供资源难以替代的程度，但这种互依关系往往具有非对称性。成功的渠道关系，不仅取决于渠道成员对关系的满意度，还取决于渠道成员之间的互依程度。

济形势的改变等因素都可能导致客户关系衰退甚至瓦解。

客户关系的共生性决定了，企业并购双方不能直接完成对客户关系的整合。但企业可以通过加强沟通及有效的内部资源整合，降低客户对新组织情境的适应成本，减少甚至避免专用性资产投资，明确甚至加大客户从客户关系的维系中可以得到的利益，进而保留甚至提升客户关系。

4. 客户关系的动态性

客户关系是一种相互信任、相互依赖的关系，并随着时间的推进而不断演化，这使得客户关系具有了生命周期特征。德威尔等（Dwyer et al.，1987）根据生命周期理论，将客户关系的演进过程划分为知晓、探索、拓展、承诺和解散五个阶段。陈明亮（2005）将客户关系的发展划分为考察期、形成期、稳定期、退化期四个阶段；考察期、形成期和稳定期的客户关系水平依次提高，退化期是客户关系水平发生逆转的时期，但关系的退化可以发生在前述三个阶段的任一时点。

许晖等人（2014）研究发现，供应商与关键客户间的关系及其演化过程受不同层次、不同内容的匹配影响，供应商需要与关键客户实现动态匹配才能有效管理并促进双方关系的发展。陈明亮（2005）认为，在客户关系生命周期的考察期、形成期和稳定期这三个阶段的任一时点都有可能出现关系问题而引起客户关系退化；而且，在不同阶段，受客户满意度、转移成本、可替代供应商的吸引力等因素的影响，客户对关系问题的反应行为（如忠诚、抱怨、任凭关系恶化等）也会不同，进而形成不同的关系退出行为模式；因此，在客户关系管理中，供应商需要通过识别客户对关系问题的反应行为进而判断其退出倾向。

（三）客户关系资源特性对并购整合的影响

跨国并购中客户关系的整合包括原有客户关系的转移和新的客户关系的创建。在客户关系整合中，由于组织情境及适配关系的变化，客户关系往往会经历一个从客户关系退化，到客户关系重建，再到客户关系提升的动态过程。

从客户关系的资源特性来看，在跨国并购中，客户关系转移效果在很大程度上取决于并购双方文化整合、品牌整合、渠道整合、人力资源整合的效果。客户关系是嵌入在特定组织情景中的，而组织情境首先指的是文化环境，如果并购双方文化整合不能顺利进行，原有客户关系赖以生存的组织情境将会彻底被打破，掌握客户知识的员工可能流失，导致文化失配和人员失配，进而影响到客户关系的维护和利用。其实，在跨国并购之后，随着组织情境或适配性的重建，原有的客户关系已经打破，与此同时，在并购方企业与客户之间的一种新的客户关系将逐步建立，而这种新的关系能否建立起来，首先要看关系双方是否适应新的组织情境，特别是并购方营造的组织情境（见图4－2）。

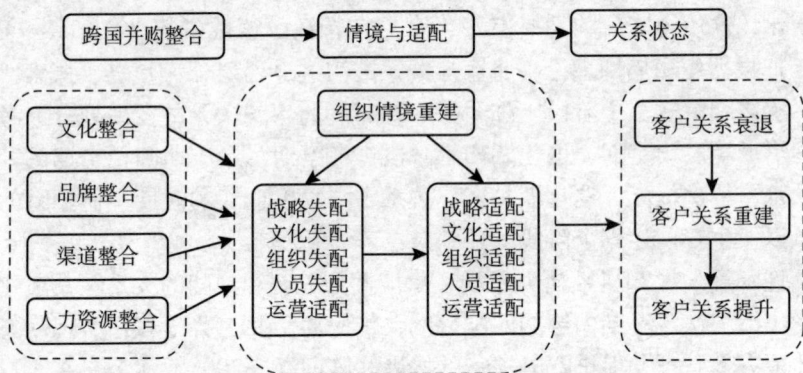

图4－2　跨国并购整合、组织情境重建与客户关系整合

渠道整合与客户关系整合有直接关系。一方面，最终客户关系的建立和维护需要制造商和中间商的共同努力；另一方面，制造商和中间商的关系也是一种重要的客户关系。在跨国并购中，并购双方渠道的整合直接决定了新的中间商布局和对原有的中间商取舍，即原渠道中哪些中间商会被保留，哪些中间商会被放弃，被保留中间商在新的渠道系统中履行什么样的职责等，进而基于渠道而建立的客户关系布局也会发生变化。此外，渠道整合还涉及对并购双方原有销售人员队伍的调整、重组，这极有可能影响到已建立的中间商客户关系及最终客户关系。渠道整合的过程同样伴随着组织情境的重建，如销售目标和销售政策的调整，进而推动新的客户关系的建立。

品牌整合与客户关系整合也有紧密关系。跨国并购之后，并购方企业可以采用品牌收购、品牌租赁、品牌联合、推广自有品牌等方式对品牌资源进行整合；随着品牌整合的推进，一些客户关系可能被放弃，其他客户关系会被保留、改造或重建。而新的客户关系建立的一个基本条件是，关系的另一方必须认同新的品牌（理念）或品牌新的运营者；如果客户不能认同新的品牌（理念）或品牌新的运营者，那么，客户资源就有可能流失。此外，品牌整合也必须以文化整合的顺利推进为基础。

四、影响跨国并购客户关系整合的因素

在跨国并购中，并购方企业能否将由被并购方企业建立的长期客户关系维持住并充分利用，进而逐步建立一种新的客户关系，受并购方客户关系管理能力、文化整合效果、原产地效应等多方面因素的影响。

（一）并购方企业的客户关系管理能力

客户关系是需要维护的，而能否维护好，则要看并购方企业的客户关系管理能力。这种能力的强弱从一定程度上影响着企业跨国并购后客户关系的整合。

1. 客户关系管理能力

何健等人（2010）认为，客户关系管理能力包括五方面的能力：客户关系的识别能力、客户关系的建立能力、客户关系的维持能力、客户关系的赢返能力和客户关系的升级能力。埃森哲咨询公司在全球范围内对200多家企业进行调查之后，认为客户关系管理能力是把企业的内部活动和客户联结在一起的能力，它包括客户洞察能力、客户供给能力、客户互动能力、高效的组织能力和企业间的整合能力等五大类（何健等，2010）。

客户关系管理能力不仅与企业的市场观念有关，还与企业的渠道权力、沟通能力、满足客户变化着的需求的能力、制度和信息系统建设、承诺及兑现承诺的能力等有关。如果企业只考虑自身的利益而不考虑合作伙伴的要求，双方的信任关系和长期合作关系难以建立起来。如果企业不能与客户经常的沟通，不关心其经营状况，不了解其价值期望，客户关系可能会退化。如果企业不能及时提供满足客户变化着的需求的产品或服务，客户资源可能会流失。此外，双方能否平等对待、共享市场信息、允许对销售政策进行质疑等也会影响信任关系的建立。一些企业投入大量资金用于 CRM 系统的建设，但客户关系并没有明显好转。把客户关系管理理解

为"管理 + IT"是片面的，IT 是不能与管理并列的。

2. 客户关系管理能力的影响因素

（1）高层领导对于客户关系管理能力的影响。首先，高层领导在客户关系管理方面的重视和深入认识有助于企业客户关系管理能力的提高，并且有助于制定合理的客户关系管理能力的发展目标；其次，高层领导可以高度地协调各个部门的工作，从而达到各个部门共同努力促使客户关系管理能力的提高。此外，高层领导的支持可以为客户关系管理的 CRM 系统等 IT 系统的建设提供足够的财力保障。但高层领导的频繁变动会间接地通过影响客户关系的管理能力而影响跨国并购后客户关系的整合。

（2）企业文化对于客户关系管理能力有着重要的影响，尤其是在跨国并购过程中。企业文化具有导向、约束、凝聚、激励和辐射功能。企业文化的导向功能可以使企业由传统的以产品为中心的价值取向转向以客户关系为中心的价值取向；企业文化的约束功能不是指制度和纪律上的硬约束，而是一种软约束，可以使组织中个体产生从众的心理，从而对个体行为产生一定的约束；企业文化的凝聚功能，可以使企业员工在认可企业价值观后产生巨大的凝聚力和向心力；企业文化的激励功能是企业文化可以使企业内部员工产生激昂的情绪和奋发进取的精神，这使得企业的员工可以提高对于客户关系的管理并且创新去维护客户关系；企业文化的辐射功能是指企业文化形成固定模式之后对于其他渠道成员都会产生一定的影响，比如对于潜在客户的吸引。本国企业之间的并购仅仅涉及到企业文化的差异，而跨国企业的并购不仅在企业文化方面差异巨大，而且在国家文化方面的差异也很大，比如中国人谦虚内敛的性格致使联想内部的中国高管在会议上多以沉默应答，行为方式会采取与西方截然不同的私下的维护办公室内部和谐的直接向上级汇报的状况，这使得喜欢在会议上侃侃而谈、公开处理事务的西方领导经常与中国领导产生冲突，对于企业客户关系的管理产生障碍。企业文化对于客户关系管理能力的影响作用巨大。

（3）国际人力资源管理对于客户关系的管理能力也有影响。人力资源管理水平的高低影响着客户关系的管理能力。客户关系的维护和发展依赖于企业一线与客户直接接触的工作人员，是否可以让这些工作人员全心全意为客户服务，落实以客户为中心的服务理念对于客户关系的维护能力会产生一定的影响；而员工的服务水平和技巧，知识结构也直接影响着其对于客户的服务；员工的全局观也间接影响着客户关系的管理，企业是一个有机的系统，而不仅仅只有营销和销售部门。跨国并购中人力资源管理不仅包括企业本身人力资源的管理，还有来自全球各地的人力资源的管理，不仅仅是跨企业，跨文化的巨大差异给国际人力资源管理带来了巨大的挑战，从而使得客户关系管理的难度加大，进而影响到客户关系的整合。

（4）组织设计。组织结构从组织的集权程度、组织的整合程度以及组织中的管理层级的多少影响着客户关系管理水平。跨国并购中面临巨大的跨文化问题，走出去的中国企业有一部分会采取集权的管理方式，而多数西方企业却相对分权，比如联想并购之前采用的是军事化的管理，是一支纪律严明、服从统一指挥的战斗队伍；而 IBM 则坚持尊重每一位员工的尊严和权利，充分调动每一位员工的积极性。这些都会影响客户关系的管理。

（二）客户关系双方的文化差异

一个组织愿意加入到某个国际供应链中，与它对上游供应商的经营理念、经营目标、行为规范的认同程度有直接关系。文化适配是维持并提升客户关系的重要保证；换句话说，文化差异是客户关系转移的重要不确定因素，认识不清文化差异，采取了不合理的整合方式就会产生文化冲突，从而影响文化整合效果和客户关系的转移。而跨国并购中文化差异更加复杂，不仅仅是企业文化的差异，还有国家民族文化方面的差异。

1. 国家文化或民族文化差异

跨国并购与国内企业之间的并购相比有着明显的自身特点，其中一个很显著的特点就是跨国并购面临着一定的国家文化或民族文化的差异。文化方面的差异势必会造成一定的文化冲突，比如显性文化的冲突，供应商销售人员与客户的表达方式所包含的意义不同，这些可以通过语境、神态、举止、表情等表现出来。最明显的就是语言和语境差异问题，高层管理者之间的语言或语境不通使得沟通难以顺利进行。而隐性层面上的，如各国人的信仰和价值观的不同更是难以整合。

而且，企业文化作为一种亚文化存在于一定的社会文化之中，国家文化（或区域文化）、民族文化是企业文化形成的基础，国家文化（或区域文化）、民族文化的不同必然对企业文化的形成产生极大的影响。中外国家文化的差异造成中外企业文化的不同，而企业文化差异明显往往成为瓦解客户关系的关键驱动因素。中国企业普遍强调集体主义价值观，鼓励员工奋斗、进取和服从，而西方国家企业普遍强调以个人为中心的逻辑，追求平等、自主，而且契约意识和时间观念强。如果企业文化差异明显，不可避免地会造成沟通障碍，进而影响信任关系的建立。在跨国并购中，如果中国企业不能开展有效的文化整合和跨文化管理，不能形成文化适配，一些外国客商从原有供应链中退出的问题就会难以避免。

2. 企业文化的差异

企业文化很大程度上受到国家文化和民族文化的影响。跨国并购作为跨越国界甚至多国的并购，国家民族文化差异巨大，又由于并购双方所在的行业、企业发展历程以及行业的发展规模等方面的差异决定了双方企业文化存在着明显的差异。比如高科技企业更强调创新和个人发展，而传统工业企业可能更希望稳定和协作。即使是同行业企业，如果所处的生命周期阶段不同，也会带来文化的差异，处于成长阶段的企业常常表现为积极的创新文化，处于成熟期的企业表现为稳健的守业文化，处于衰退期的企业则倾向于消极的等待文化。

同时，企业文化还受到企业家个性差异的影响，企业家在企业文化的形成和发展中起着重要的作用，一个企业的文化常常反映着企业家创建企业时的远见使命，即对企业未来应是什么样子的描述，比如托马斯·沃森创立 IBM 时主张研究开发、产品质量、报酬政策等。而联想在收购 IBM 之前的文化是非常有战斗力的企业文化，受到联想创始人柳传志想要联想成为一家真正的世界级企业，成为伟大企业的影响，这些都是各个公司文化的核心价值观。但是每个人的个性、价值观念及行为方式存在差异，特别是企业家比一般人有着更加强烈和鲜明的个性和价值观，并使这种个性烙在企业文化之中，使不同企业的文化显示出不同的特色。由于企业家在企业文化的形成中起着重要的作用，因此跨国并购中企业家的变动间接推动着企业文化的变化。

(三) 并购双方文化的整合效果

在跨国并购中，并购双方企业不仅在企业文化方面存在差异，在国家民族文化方面也有不同，这些就需要很好地整合，从而使不同的文化能够很好地融合。客户关系具有适配性，需要和一定的组织情境相匹配。经过并购双方的文化整合形成一种新的文化，营造一种新的组织情境，这种组织情境是否适合已有客户关系的维护和新的客户关系的建立和发展是一个十分关键的问题。

1. 文化整合效果直接影响客户的选择

跨国并购文化的整合效果对于客户选择企业产生着直接的影响。并购后跨国公司给予客户的企业形象会使客户决定继续购买还是放弃购买本公司的产品。如果文化整合不能顺利进行或塑造的新企业文化不能得到客户的认同，客户资源可能会流失。比如联想收购 IBM PC 业务之前各自的企业文化理念分别是，联想追求低成本的制造业风格，而 IBM 坚持高投入高产出的服务业风格。二者文化理念截然不同，跨国并购结束后，联想没能很好地整合文化上的差异，使得其低成本制造业风格的文化理念传到了国际市场上，而使得 IBM 之前的许多追求高品质的大型企业客户不再与联想进行合作而造成了联想在国际市场上客户关系的流失。因此，如果文化整合不能顺利进行或塑造的新企业文化不能得到客户的认同，客户资源可能会流失。

2. 文化整合影响其他资源整合效果

跨国并购后形成的新的组织情境对于被并购企业的老员工产生了深远的影响。跨国并购后因为国家文化、企业文化的差异，并购企业需要采取措施进行文化的整合，然而文化的整合使得很多员工无法适应。联想收购 IBM 的 PC 业务之后，部分老员工因为不同认同或无法适应联想的企业文化，还有部分管理人员因为语言上的障碍而选择了离开联想。企业的员工与客户之间存在着紧密的联系，直接决定着客户关系的维护和建立。如果新的企业文化不能得到掌握着客户知识的老员工的认同，那么，老员工可能离去；随着老员工的离去，客户资源也会流失。此外，文化整合还会影响到各类客户的态度和合作意愿。从某种意义上讲，文化整合需要考虑客户的价值观倾向。

文化的差异会带来公司内部的一系列问题：表现在业务战略上会有不同的意见产生，比如是以扩大毛利为主还是以控制成本为主；表现在用人和激励问题上，是以业绩为导向还是以稳定为导向，是中外人员同工同酬还是同工不同酬。因此，文化的差异会造成战略、运营和制度上的分歧，加大企业客户关系整合的难度。

（四）人力资源整合效果

在麦肯锡所做的一次关于国际性并购的研究中，接受调查者列出的四个导致收购成功的最关键因素都是与人有关的：保留关键人才（占反馈公司的 76%），有效沟通（71%），执行官的保留（67%），文化整合（51%）（Kay and Shelton，2000）。可见，人力资源整合的重要性是不言而喻的。而且任何事情都需要人来做，客户关系的建立、维护和发展也要靠人来实现。因此，在跨国并购后，对人力资源整合的效果直接影响到客户关系的转移，如果该项整合工作搞不好，导致被并购企业的相关员工流失，很可能会导致客户关系的退化甚至瓦解。

1. 并购双方高层管理人员的整合效果

跨国并购后人力资源的整合包括人力资源的变动和人力资源政策的改变等，而因为跨国并购后组织的权利和控制机构发生变化，使得很多高层管理人员产生了将会导致他们离去的"地位比较"上的心理落差；还有一些高层管理人员因为不喜欢被并购企业的企业文化和管理制度，不喜欢和外国人合作以及对于本次并购没有认同感而选择离去，就像 TCL 并购汤姆逊彩电业务时即将任职 TTE 执行总裁的胡秋生选择离开。联想收购 IBM PC 业务后，刘军的离职也给并购后的公司带来了很大的影响。高层管理者对于企业文化有一定的影响，高层管理者的稳定也可以稳定员工的情绪，从而影响着客户关系的维护和开发。高层管理人员的职务变动，就会使其带领的员工团队因为归属感等而产生不满情绪，从而影响其维护和发展客户关系的动力和信心；甚至有的高层管理人员的离职会带走一部分客户从而造成客户关系的流失。

2. 并购双方销售人员的整合效果

除了高层管理人员的整合效果会影响客户关系整合之外，与客户直接接触的销售人员也将影响客户关系的整合。一方面高层领导的频繁变动使销售人员缺乏归属感；另一方面一些中国企业在跨国并购后急于推进一体化整合同时又忽视沟通、安抚，使原企业的一些员工因对企业前途、自己的职位担忧而出走。他们的出走可能带走客户资源或因人员失配而破坏一定的客户关系。

同时，中国企业的跨国并购大部分都是对于海外经营不善的、陷入困境的企业的并购，而且文化方面处于弱势的地位，要做到对被并购企业文化进行渗透同化有一定的困难。在这种情况下，销售人员感知到的文化差异，以及在培训、薪酬福利等方面的差别使得部分销售人员选择离职，也致使一些关键人才离开。联想收购 IBM PC 业务后，中美文化的差异及联想与 IBM 在公司培训体系、薪资福利待遇等方面的差距，使得原 IBM 的部分员工不愿留守在并购方企业中，TCL 集团收购汤姆逊的彩电业务中存在同样的问题。与此同时，并购方的竞争者，如联想的竞争者戴尔惠普等也虎视眈眈，通过提供更好的待遇和发展机会给员工，使得一部分员工也考虑着转向竞争对手企业。在跨国并购中，人力资源整合的一项重要内容就是对并购双方销售人员队伍的整合。

（五）并购后市场定位的调整

市场定位直接决定着企业选取怎样的客户群，跨国并购后企业选取怎样的市场定位，或者怎样对市场定位进行调整对于跨国并购后客户关系的整合有着深刻的影响。市场定位的调整与中间商的保留、放弃及再次选择等有着直接的关系，同时对于关键大客户也有着一定的影响，从而影响着客户关系的变化。

联想在并购 IBM 个人电脑业务之前，其市场定位是高品质的商务市场，客户类型也主要选择大中型企业以及政府等大客户，主要采取关系型营销方式；而联想在中国市场上似乎更"亲民"一些，其主要针对中低端消费型市场。然而在跨国并购后，联想的市场定位发生了一些变化，除了在国外继续保持 Think 品牌的高端商务路线和关系型营销之外，在联想的大本营中国市场，它的市场定位发生了很大的变化。Think 除了在中国有自己的高端产品之外，在中低端消费者市场，联想推出了 ThinkPad 的 S、L 系列的产品，在市场定位上做了很大调整，尽管这种做法一方面有可能动摇 IBM 原有客户及其他潜在客户对于 IBM 品牌的信任，尤其是其关系型注重高品质的客户；但另一方面，联想的此种做法也使 Think 产品在中国快速占领市场，巩固其在中国市场的市场份额，在中国市场赢得更多客户来弥补国际市场上的亏损。

（六）品牌原产地效应

在中国企业推动的跨国并购活动中，出于降低生产成本的考虑，往往会对供应链进行重组，特别是改变产品原产地，即把原本在发达国家生产的产品搬到母国工厂中生产，但这种做法有可能会把客户赶跑。这主要与原产地效应（Country-of-orgin Effect）有关。因此，TCL 收购法国家电巨头汤姆逊的彩电业务后，采用"TCL—汤姆逊"双品牌策略，在每台 TCL 电视上贴上汤姆逊标志以吸引更多外国消费者的购买，抓住客户以免他们流失。

品牌的原产地效应对于客户关系的整合有很大影响。究其原因，一方面，中国企业技术和管理水平普遍较低，再加上中国企业的跨国并购有一部分是对于老牌知名企业的并购，尽管外国客户对被并购企业忠诚度较高，但是外国客户对中国企业并购后能否生产出满足市场需要的差异化产品并且保持原有产品的高质量持有怀疑态度，因此而选择改换供应商。而且大多数消费者普遍认为，相比较而言，较发达地区企业的产品品质相对要比较落后地区企业的产品品质好。联想收购 IBM PC 业务后，国外 IBM 的很多客户开始对联想产生怀疑，认为联想的企业文化和战略都决定了他们不会生产出跟 IBM 一样的高质量产品，从而选择其他的电脑品牌。另一方面，原产地效应与当地消费者强烈的消费者民族主义有关，对于当地品牌的地方保护，再加上中国企业往往在市场宣传推广方面投入不足，使得外国客商都对维持合作关系的积极性下降并改换供应商。如果企业采用以自有品牌代替被并购方品牌的整合方式，更要关注原产地效应，否则可能导致客户资源流失。品牌原产地效应与并购双方品牌的相对知名度、目标市场国的经济发展水平、国货意识等有密切关系（庄贵军等，2006）。

（七）当地政府的态度

在任何一个市场，政府都是一个相当重要的、特殊的客户。在国内企业之间的并购重组中，一般不会因为政府的地方保护而出现客户关系的难以为继，以及竞争对手拥有地方保护的优势。但在跨国并购中，当地政府的态度直接地影响着客户关系的整合。

当地政府对跨国并购的态度，包括对外来投资者的态度，不可避免地会影响到其采购决策，并导致客户关系的终止。更需重视的是，政府的态度不仅影响其自身采购决策，而且还会影响到当地普通用户的采购意愿。如联想收购 IBM PC 业务后，在最初几年里，联想在中国以外的市场仍然没有突破，其打入消费市场的策略也没有成功。并且，由于美国政府以所谓"涉及国家信息安全"为由，多次拒绝了 Think 品牌电脑的采购。联想丢失美国政府订单本身事小，但是因丢失美国政府订单，却导致美国很多 Think 电脑的忠实用户不敢轻易使用联想制造的 Think 品牌电脑了。

可以看出，政府对于跨国并购的态度以及当地政府的政策在很大程度上影响了客户关系的整合及管理。当中国企业的跨国并购与目标国的支柱行业、传统优势行业、稀缺自然资源行业、国家安全等相关时，往往会受到当地政府部门的干预，结果导致并购成本上升，跨国并购成功率下降。

五、跨国并购中客户关系整合流程及整合策略

（一）客户关系整合的流程

客户关系整合的过程包含在企业整个并购体系中，企业并购是一个纷繁复杂的交易过程，一般来说需要经历以下四个阶段：调查研究、谈判商议、实施并购、并购整合。又因为企业的客户关系整合与企业的其他整合如文化整合、人力资源整合、品牌整合和渠道整合等密切相关，所以客户关系的整合流程具有整合流程的一般性又有自己的特点，其涉及到对于并购对象的客户关系进行审慎性调查和并购整合等。同时需要对调查报告中的企业文化、人力资源、品牌和渠道整合进行综合研究和分析，进行具体的客户关系整合。

跨国并购后的客户关系整合是企业并购后整合的重要内容，其直接关系着并购后企业的发展，是人力资源、文化、品牌和渠道整合的目的之一。如何进行企业跨国并购后的客户关系整合，可以按照以下流程进行，如图 4 – 3 所示。

```
                    ┌─────────────────────────────┐
                    │      成立客户关系整合专门小组      │
                    └─────────────────────────────┘
     并购前                        │
                                  ▼
                    ┌─────────────────────────────┐
                    │         客户关系调查研究          │
                    │   分析评估并购双方企业的客户关系特质   │
                    └─────────────────────────────┘

- - - - - - - - - - - - - - - - - - - - - - - - - - - - - - - - - - -

                    ┌─────────────────────────────┐
                    │  积极与被并购企业沟通，深入了解对方客户  │
                    │         构成及客户关系           │
     并购中           └─────────────────────────────┘
                                  │
                                  ▼
                    ┌─────────────────────────────┐
                    │   要求被并购方协助完成对于被并购方老客   │
                    │         户的稳定过渡            │
                    └─────────────────────────────┘

- - - - - - - - - - - - - - - - - - - - - - - - - - - - - - - - - - -

                    ┌─────────────────────────────┐
                    │       确定客户关系整合内容        │
                    └─────────────────────────────┘
                                  │
                                  ▼
     并购后           ┌─────────────────────────────┐
                    │       确定客户关系整合的策略       │
                    └─────────────────────────────┘
                                  │
                                  ▼
                    ┌─────────────────────────────┐
                    │ 整合企业内部资源从而促进客户关系的恢复/提升 │
                    └─────────────────────────────┘
                                  │
                                  ▼
                    ┌─────────────────────────────┐
                    │        新客户关系的价值评估       │
                    └─────────────────────────────┘
```

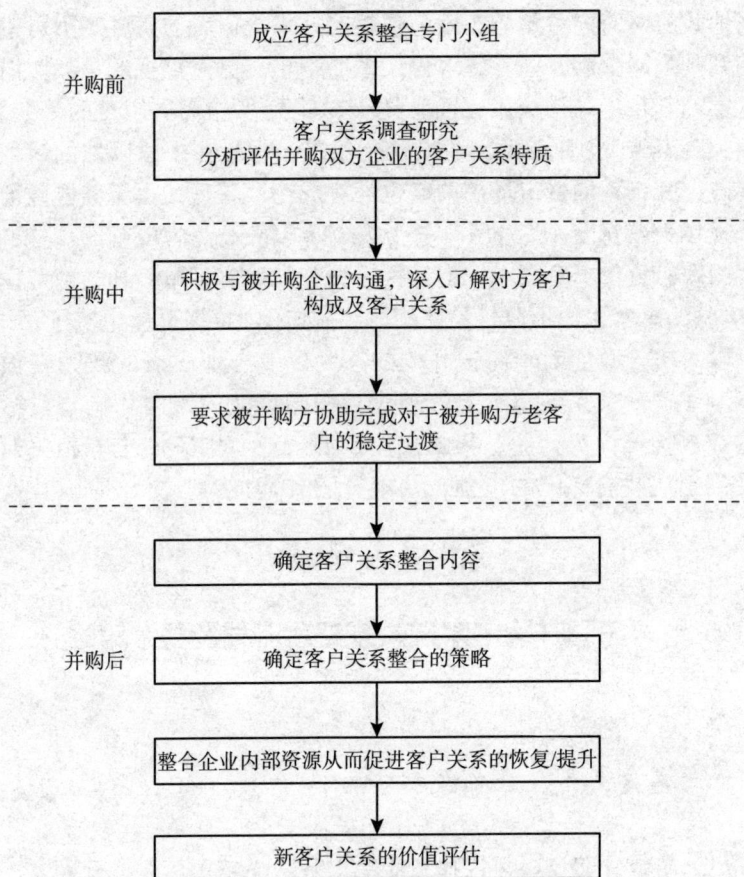

图 4 - 3　并购企业的客户关系整合流程

　　并购交易前，成立客户关系整合专门小组，小组成员可以从销售经理中选定，因为他们是客户关系的直接载体，他们直接接触客户，最了解市场上客户的需求及维护客户关系的方式方法。客户关系整合专门小组负责进行客户关系调研，并分析评估客户关系现状。

　　并购过程中，并购方必须充分考虑并购后客户是否会随着并购的发生而离开，所以要充分发挥被并购方销售团队的作用，加强沟通，在坦诚、尊重的基础上，多向被并购方销售团队讨教维护被并购方客户关系的方法，并利用他们去拜访、劝说、安抚客户，进而实现被并购方客户的稳定过渡。

　　最后，是并后整合阶段的客户关系整合。如果说并购前是为了做好充分的准备，并购时是为了顺利地完成并购行为，那么并购后整合对于日后客户关系的去与留起到关键性的作用。而这个阶段的任务非常繁重，需要根据双方公司情况确定客户关系的整合内容，针对整合内容制定整合策略，而且要充分重视客户关系的资源特性，同时做好品牌、文化和人力资源等整合，从而使得客户关系的整合顺利推进。最后，对新企业的新老客户关系进行价值评估以判断并购整合是否达到了理想的效果。

（二）客户关系整合的内容

在进行客户关系整合之前，需要对并购双方的客户关系现状进行调查，评估双方的客户关系所处生命周期阶段和关系质量，系统把握影响客户关系整合的因素，确定客户关系整合的主要内容。

1. 对中间商的整合

中间商的整合涉及到制造商与经销商的关系，以及制造商与零售商的关系。其中，经销商整合不仅要考虑保留哪些经销商，解除与哪些经销商的合作关系，更要考虑对经销商的合理分布，要提高经销商的满意度和忠诚度，还要对来自经销商的经营风险（如跨区域销售或平行进口①）进行评估和控制。此外，为了使基于信任和承诺而建立的合作关系保持下去，并购双方企业必须制订详细、可行的拜访计划；通过拜访，在表明自己能力的同时掌握经销商的需求，并通过必要的专门投入和承诺重新赢得客户的信任。对经销商的整合，必须建立在对经销商全面审查和评价的基础上。审查和评价的内容包括：经销商所控制的终端数量、终端所处地理位置和营业面积、经销商员工素质、经营规模、资金实力、经营产品范围、利润纪录、偿付能力、满意度、协作性和市场声誉等。

零售终端是商品、顾客、资金三项要素的联结点，是销售终结的场所。不同的零售终端，往往代表了不同的销售渠道。良好的渠道终端布局、结构和运行状况可以促进最终客户的整合，形成良好的市场绩效。因此，制造商应力争与当地零售商建立良好的合作关系，这也是一种典型的

---

① 跨区域销售，俗称"串货"，指经销商跨越规定的经销区域范围而进入其他经销商管辖区域分销、销售产品的行为。这种行为会带来多方面的不利影响，如破坏品牌形象，使供应商不能准确把握市场行情等。平行进口指的是国际经销中的跨区域销售行为。

客户关系①。在跨国并购中，对零售终端进行整合应重点考虑以下问题：企业所提供的产品将主要通过哪一类零售商销售给最终消费者；哪些零售商（渠道）需要保留，哪些零售商（渠道）需要放弃；零售商的期望和要求是什么，企业需要做出什么样的承诺；通过经销商与零售商打交道，还是由企业销售人员直接与零售商沟通等。

2. 渠道流程整合

在渠道体系中存在信息流、物流、资金流、所有权流等流程，这些流程都必须顺畅地进行，销售目标才能实现；任何一个流程的中断，都会影响到客户关系的维护和发展。在跨国并购中，渠道流程整合可分解为：信息流的整合、物流的整合、资金流的整合等。渠道流程整合和客户关系的转移成本有直接关系②，特别是会影响到客户关系转移的沉没成本（如投资于专用资产的成本），和熟悉、适应新流程和制度的学习成本等。渠道流程整合关系到客户关系双方的运营适配和组织适配。

（1）信息流整合。信息流的整合不仅直接影响到市场营销决策的制定、决策效率和决策质量，而且还影响到客户双方信任关系的维护和客户满意度的提升。信息流整合不仅要强调并购后企业信息系统的改造，还要强调中间商在信息收集、信息沟通等方面的责任，保证信息共享和信息及时传递。

（2）物流整合。物流整合能够有效提高市场响应能力和用户满意度。物流整合涉及物流网络的重新设计、物流商的重新选择、物流信息（包括订单、货运单据、发票等）的整合内容。物流整合的目的是提高交货期的准确率、降低物流成本、保证产品的安全性以及降低交易成本。成功的物流整合必须基于相关企业之间的真诚合作及成本的合理分担。

（3）资金流整合。资金流是指在渠道成员间随着商品实物及其所有权转移而发生的资金往来流程。资金流整合要控制和理顺结算方式、结算期限、结算渠道和结算效率，以及结算的风险防范。

3. 销售人员队伍整合

销售人员队伍整合至关重要，因为客户关系与销售人员具有不可分割

---

① 相比以获取差价为目的的区域经销商来说，往往零售商更关注最终客户的开发，对供应商品牌更忠诚，在与供应商关系上具有较高的承诺。
② 客户关系转移成本是获取竞争优势和保持客户忠诚的关键因素。客户关系转移成本不仅包括物质成本，还包括学习成本、时间成本和心理成本等。

性，被并购方企业销售人员的流失往往导致客户关系的退化甚至退出。在对并购双方销售人员队伍进行整合时，一方面要尽可能保持被并购方企业原有销售人员团队的稳定性，进而保证客户关系的稳定性；另一方面要加强与骨干销售人员的沟通，尽早说明并购后企业的营销目标、销售政策、激励措施等，消除其顾虑和压力，尽快形成对新公司的认同感和归属感，进而留住销售人才。此外，还要加强对销售人员（特别是并购方原有销售人员）的培训，包括跨文化培训、业务培训、市场知识培训等。销售人员队伍整合效果如何，可以从两个方面做出判断：一是被并购方原有销售人员流失率；二是并购双方销售人员能否一起有效地工作并转移市场知识。

4. 营销管理制度和销售政策的整合

营销管理制度和销售政策的整合对渠道和客户关系整合的最终成败有重要的影响，其目的是形成统一、有序的销售体系，保证营销资源的合理配置和有效利用，进而提高客户满意度和忠诚度。整合内容包括：明确企业销售人员和中间商的行为规范、修订中间商销售目标、划定中间商经销区域、明确渠道成员定价权、完善销售激励措施等。管理制度和销售政策整合的关键在于形成有效地对渠道成员行为的激励和约束机制，进而保证渠道成员的积极性和销售目标的实现。制度和销售政策整合会影响客户的价值预期和转移成本，进而影响到新客户关系的建立。

5. 文化整合

文化整合是客户关系整合的重要内容，而且其整合效果对其他整合内容能够顺利进行推进有根本性影响。文化整合的内容不仅涉及到并购双方的文化整合，还涉及到并购方与中间商或下游生产制造商之间的文化整合。这是因为文化认同是客户关系建立和提升的重要基础。并购方与中间商的文化整合并不追求以文化融合为目的，但一定程度的文化兼容是必需的，即并购方必须要考虑重要客户的价值观要求。

根据以上分析，可以建立如图4-4所示的客户关系整合分析框架。在跨国并购中，客户关系整合与文化整合、品牌整合、人力资源整合密不可分，其整合内容主要包括中间商整合、销售人员整合、流程整合、制度和政策整合等。客户关系整合的基本目的就是，通过建立新的组织情境，恢复并购企业与客户的适配性，进而保留或恢复客户关系，实现客户关系的转移。

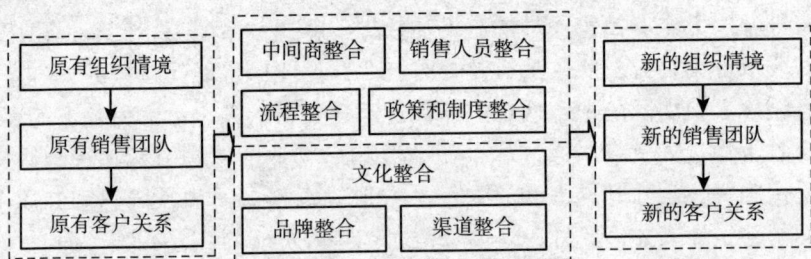

图 4 - 4　客户关系整合、组织情境重建与客户关系转移

（三）中间商客户关系整合策略及选择

不同的企业客户关系整合模式代表着不同的整合难度和风险的大小，并购企业要根据并购双方的实际情况，选择适合自身的整合模式来进行客户关系的整合。而客户关系有很多种，本章主要讨论企业与中间商关系的整合问题。需要注意的是，在跨国并购中，并购双方不能对客户关系直接进行整合，因为客户关系资源是一种内外结合的共生性资源。但是企业可以通过对内部资源的整合来影响客户的态度、行为，进而达到客户关系整合的目的。

在跨国并购中，企业与中间商的客户关系整合主要有四种方式：分立、融合、利用并购方企业渠道和利用被并购方的企业渠道。这四种方式在文化冲突程度、中间商整合力度、销售人员整合力度、整合时间及整合难度等方面有不同表现，如表 4 - 1 所示。

表 4 - 1　　　　　　　　中间商客户关系整合策略比较

整合策略	文化冲突	中间商整合力度	销售人员整合力度	整合时间	整合难度
利用并购方企业渠道	较小	一般	较大	较快	最小
利用被并购方企业渠道	较小	一般	一般	较快	较小
分立	一般	较小	较小	最快	一般
融合	最大	最大	最大	较慢	最大

1. 中间商客户关系整合策略

（1）分立策略。分立，即并购双方原有渠道体系分立并存、自成体系，分别销售不同的产品或不同品牌的产品，原有的客户关系继续保留并充分利用。比如，联想在并购 IBM PC 业务之初采取了这种策略，联想抱着多向 IBM 学习的态度保持着双品牌的策略，对于双方的中间商客户关系的整合也采取了分立的策略，即联想和 IBM 原有的渠道体系继续保留和各自独立运营。在中国市场上，Think 系列的产品可以借助联想的中间商力量增大市场份额，发展关系型客户，而在北美及其他国际市场上，联想则继续保持着 IBM PC 业务的关系营销模式以维持原有的客户关系。

但是，在采取分立策略时，被并购方企业已建立的渠道体系和客户关系能否被充分利用，主要取决于文化整合、品牌整合的方式及效果。而联想从并购还未开始之前就对此次的跨国并购后文化的融合极度重视，并且在集团内采取了一系列的文化整合措施，比如建立文化整合管理小组，在企业内部主持一次文化整合方面的活动，使员工参加到文化整合的过程中去。对于品牌的整合，联想在并购之初采取了双品牌的策略，依旧借助 IBM 的母品牌继续对 Think 系列产品进行推广。在并购之初，分立的策略使得联想在国外市场有了一定的市场份额，基本实现了迈向国际市场的目标。

（2）融合策略。融合，即将被并购方的渠道体系整合到并购方渠道体系中，或将并购方的渠道体系整合到被并购方渠道体系中，所有产品都通过整合后的渠道体系进行分销，组织情境和客户关系重建。融合的过程就是对并购双方原有渠道资源进行重新配置的过程，整合内容涉及销售人员队伍的重建、中间商的取舍、经销区域范围的重新划定等。TCL 并购汤姆逊的彩电业务后便采取了此种整合策略，并购后 TTE 公司并不拥有汤姆逊的销售网络，所以，在中国大陆 TTE 公司通过 TCL 集团的两万多个销售点覆盖市场；在北美市场上，其主要通过大型连锁商店销售；在欧洲市场上，则通过大型连锁商店及分销商一起销售产品。

采用该策略时，被并购方企业已建立的渠道体系和客户关系能否被充分利用，不仅取决于文化整合、品牌整合的效果，还取决于人力资源整合的效果。因此，融合方式的整合力度和难度最大。TCL 集团为了抓住机会而进行并购，忽略了在文化整合方面的困难，品牌方面一直采取着多品牌的策略，亚洲、新兴市场是 TCL，欧洲市场多为 THOMSON，北美市场则使用 RCA 品牌（原通用电气拥有的彩电品牌）。人力资源整合方面，由于并购的突发性，未做好充分的准备，使得并购后缺乏国际人才充实整合队伍，而且高层领导频繁变动，使得销售团队整合未能达到很好的效果。所有这些，都导致了 TCL 并购后客户关系整合难以顺利进行。

（3）统一使用被并购方渠道的策略。直接使用被并购方在当地建立的渠道体系，所有产品都通过该渠道进行海外分销，被并购方企业建立的客户关系转移到了并购方企业手中。这样做的好处：充分利用被并购方渠道资源和客户资源，快速打开国际市场；整合难度较小；文化冲突及其影响不大。联想跨国并购后，其在国外市场上基本上采用了此种整合方式，因为 IBM PC 原来的高端商务路线和关系营销模式，使得联想除了使用这一策略外，还在寻找其他策略充分打开国外的消费型市场，使联想的中低端品牌更好地进入国外市场。

整合效果取决于并购方企业的国际影响力、国际营销理念和客户关系管理能力等。正是因为联想的国际影响力远不如 IBM，所以联想在并购之初的稳定阶段度过后，开始慢慢放弃 IBM 的庇护，将 Lenovo 品牌推向国际，通过 2008 年奥运会的赞助等大型活动将联想品牌推向国际，以慢慢提高品牌的知名度。联想并购之初的策略中提到了融合的概念，想要将联想融入到美国企业主导的全球 PC 商业体系中去，这种国际营销理念促进着联想全球市场份额的逐渐增加。在客户关系管理方面，并购之初，联想不仅派出专门人员跟 IBM 工作人员一起对市场进行调查研究，而且还采取各种措施，比如领导者到联想后的继任等，维持原来的销售队伍，尽最大能力维护原有的客户关系。

（4）统一使用并购方渠道的策略。直接使用并购方自己在当地已建立的渠道体系，而将被并购方企业所建立的渠道体系解散，并解除与多数中间商的合作关系。采用这种方式进行渠道关系整合的好处主要有：整合过程简单，耗时少；文化冲突的影响小等。联想在中国市场上基本上采取的是这种策略，因为联想并购前作为中国的品牌，其在中国已经有稳定的客户关系和良好的声誉，IBM PC 业务尽管是高端的商务关系营销模式，其也可以充分利用联想在中国与各种企业和政府的关系进一步发展在中国的市场。

采用该策略可能遭遇如下的问题：被并购方企业生产的产品销售可能受到一定影响，被并购方企业销售人员队伍重组难度大等。所以，联想并购之后，除了发展 Think 的关系客户外，为了不影响 Think 的销售，尽快地开发了 ThinkPad 品牌的中低端系列产品，使得联想的中间商对于 Idea 系列产品和 Think 系列产品同时销售。并且在被并购方的销售人员队伍上，整合中国区销售人员队伍，充分利用有利的因素，实现人才的大融合。

2. 整合策略的选择

选择整合方式时，需要考虑跨国并购后的企业产品结构、并购方企业在东道国的渠道建设情况等因素，甚至还要考虑文化、品牌、人力资源的整合效果。

当跨国并购后的企业产品结构复杂、目标市场多元化时，可以采用第一种整合方式；比如联想并购 IBMPC 业务之初，其产品结构主要分为 Think 系列产品和联想自身的产品，目标市场除了消费型市场外还有关系型市场，拥有不同的客户关系，所以这个时候联想采取了分立的整合策略，保持各自的客户关系。

当企业产品结构简单且目标市场集中时，可以采用第二种方式。TCL 的产品结构比较简单，就是彩电业务，针对不同的市场有不同的品牌，同时，TCL 并不拥有汤姆逊的彩电业务的渠道，而且汤姆逊的彩电业务在被出售之前已经出现了多年亏损，汤姆逊并没有花更多的时间用在客户关系的恢复和渠道的拓展上，因此，TCL 不得不采取融合的策略，充分挖掘 TCL 的渠道系统，带领着各个子品牌的彩电冲向国际市场。

如果被并购方的品牌和市场影响力远大于并购方，并且被并购方在除中国区的国外市场上均有很好的表现，在国外市场上可以采取第三种整合策略，就像联想利用 IBM 在国外的关系营销渠道一样，充分利用已有渠道，并且积极去开发新的渠道，实现最终两种产品结构不同渠道的大融合。

如果并购方在某个区域，尤其是并购方的母国，在并购前已经在行业内占领了较为靠前的地位，并且国内市场份额可观，而且被并购方的产品与并购方的产品市场定位互补的情况下，在并购方母国可以采取第四种整合策略，充分利用并购方的渠道和客户关系，将被并购方的产品更好的打入并购方所在国的市场以使该市场成为企业坚实的大后方。因此并购方企业在东道国的渠道建设情况对整合方式选择有重要影响。但是如果并购方所建渠道系统的功效远不如被并购方的渠道系统，甚至并购方企业在东道国还没有进行渠道投入，那么，并购方企业应充分利用被并购方的渠道系统。

因此，对于企业跨国并购后客户关系整合策略的选择需要综合考虑各方面的因素，并且整合策略不一定只选择一种，可以针对不同的国别市场采取不同的整合策略，最终的目标是最少的文化冲突、最低的整合难度，较快实现客户关系的整合。

六、联想和吉利公司跨国并购客户关系整合案例分析

联想收购 IBM 的 PC 业务想通过收购对方在国外的销售渠道，获得对方在国外的中间商客户关系，利用 IBM 品牌的知名度提高自身的国际影响力，从而能够顺利地进入国际市场以实现自身的国际化战略。然而，事实证明，IBM 的销售渠道并不适合联想的中低端产品，而使得联想需要创建自身的海外渠道。吉利收购沃尔沃后，则一直采用分立的渠道策略，吉利品牌和沃尔沃品牌各自独立运营，中间商客户关系整合同样采用了分立策略。在跨国并购中，并购后的客户关系整合是一个长期的过程，而并非一日之功，究竟要采取何种策略，而整合的效果究竟怎样，下面通过案例分析来对这些问题进行探讨。

（一）联想并购 IBM PC 业务中的客户关系整合①

1. 客户关系整合策略和措施

客户关系的整合涉及很多方面，需要的时间较长，可能需要几年的时间，因此并购后的整合效果也不可能立即显现，而是一个循序渐进的过程。正如联想并购后的整合计划，并购之初即并购整合第一阶段，并购整合目标是保护组织能力，工作重点是保留客户、员工、渠道；2005 年 9 月 30 日，联想宣布进入并购整合的第二阶段，即追求盈利性增长，此阶段预计长达 2～3 年时间；2007 年 12 月 28 日，杨元庆表示并购整合已经进入了第三个阶段，即文化整合阶段。下面就各个阶段的整合内容来看联想的并购后整合。

（1）品牌整合和市场定位的调整。在品牌整合方面，联想采取了双品牌的策略，而且根据并购协议，联想在并购后五年内拥有 IBM 的品牌使用权，Think（包括 ThinkCenter 台式机和 ThinkPad 笔记本）品牌的所有权归属联想。并购后，联想使用了 Lenovo 和 Think 两个品牌，想通过这两个品

---

① 资料来源：根据企业调研所获资料整理而得。

牌分别在消费市场和高端商务领域占有领导地位，从而拓展联想的客户群覆盖面。一方面，Lenovo 品牌在中国拥有极高的市场占有率，主要面向消费类的客户，且主要出售中低端的产品；另一方面，Think 品牌的国际市场声誉和品牌形象较好，主要面对关系型商务类的客户，产品主要以中高端为主。两个品牌针对不同的消费群体，附有不同的消费者情感和身份认同，对于两个品牌的整合可以充分地发挥品牌方面的协同效应。联想并购 IBM PC 业务之后，双品牌的优势维持了一段时间。利用 IBM 品牌的保护，联想维持了 Think 品牌在 PC 高端商务市场的形象同时也留住了大部分成熟的客户，基本上保住了其在国际市场上的市场份额。

为了更好地扩大全球市场份额，联想对国际国内市场上的定位分别进行了调整，在中国市场除了提供 IBM 原有的高端商务产品以外，联想开发了一些 ThinkPad 的 S、L 系列的中低端产品，拉低了 Think 系列产品在中国市场的定位。除此之外，在国际市场上除了维持 IBM 的原有高端形象，维护原有的关系型客户外，联想也将自己的中低端 Idea 系列产品打入国际市场，以期占有国际消费型市场的市场份额，获取更多的客户关系。

但是，经过两年的过渡期后，联想的业务势头并不理想，欧美市场原 IBM 的许多用户转投竞争对手 HP 和 DELL，用户的流失给了竞争对手很好的机会，HP 在获取了一批原 IBM PCD 的优质客户后，在 2006 年登顶全球个人电脑第一的市场地位。面对不利局面，联想决定，提前两年，也就是在 2008 年不再使用 IBM 的品牌，而是将其个人电脑 ThinkPad（笔记本电脑）和 ThinkCenter（台式电脑）作为联想的子品牌，这使得全球联想的消费渠道欢欣鼓舞。

（2）渠道中间商的整合。由于联想和 IBM 拥有完全不同的客户群和营销模式，在并购之初双方都看到了对方的互补优势，IBM 看中联想的政府关系和在中国市场的客户关系，联想则看中 IBM 的全球渠道资源及奥运营销经验，双方均有较强的客户关系管理能力，但定位和目标市场存在明显的不同。新联想的客户关系遭遇新的难题，即如何布局全球的研发、采购和供应链，以及如何整合客户关系，IBM 原有客户能否认同联想。

在并购之初的过渡期内（2005 年 9 月~2007 年 12 月），联想基本上采用了分立的渠道策略，即原 IBM 的渠道体系和联想的渠道体系仍各自独立运营，前者仍销售 Think 品牌的产品，后者则销售联想品牌的产品。这一阶段，联想对 IBM PCD 所做的工作就是稳定销售团队和中间商客户。在一次大型的渠道发布会上，CEO 向渠道合作伙伴和媒体展示了 320 家国际重要大客户，这些客户都支持联想对 IBM PCD 的收购，并表示继续支持新联想的 IBM 个人电脑产品。同时，在这两年内，从产品研发到营销，再到销售，联想没有派驻任何管理者到 IBM 的团队中，这也是 IBM PC 部门保持平稳的重要举措。

在 2008 年联想放弃 IBM 品牌的使用权后，联想开始着手渠道整合。首先是中国区渠道体系的调整。根据新的产品线归属调整，联想的中国区大客户团队获得 Think 品牌的产品运营权，面向行业推广，而原 IBM PCD 部门和渠道在中国范围内将不再承载大客户行业销售。在海外市场，联想和 IBM PCD 则暂时相对独立。

但是，没过多久，在 2008 年底，联想开始对全球的渠道体系进行整合。首先，联想自有子品牌 Idea 借助 Think 在 70 多个国家的原有渠道和办事机构进行海外扩张。在这个过程中，部分原 Think 的渠道商开始接受 Idea 品牌产品，并借助联想的全球营销体系进行市场拓展。随后，联想通过吸纳竞争品牌的合作渠道进行渠道新建，进驻消费电子超市，以及独立投资新建渠道等方式，构建起 Idea 品牌的海外渠道体系。不能接受 Idea 品牌的原 Think 渠道客户，则继续和联想合作，面向行业客户做订单销售。最终，联想形成一个 Idea 主攻消费市场、Think 主攻行业市场，以及双品牌运营相兼容的全新渠道体系，如图 4 - 5 所示。

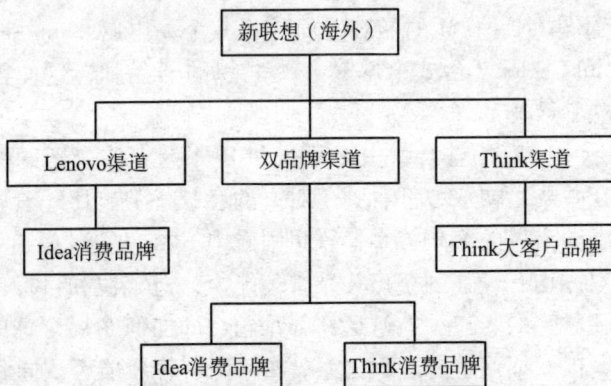

图 4 - 5　联想整合后的全球渠道体系

（3）销售人员队伍的整合。联想并购 IBM 后，新联想派出了 2000 多名销售人员做市场调查和客户沟通工作，原 IBM 团队也调出一些人与这些销售人员一起维护与大客户的关系。在过渡期内，联想非常重视销售人员的工作，在薪资和培训方面给予员工满足感，能够保持员工的待遇不变，同时实现薪酬的逐步调整，还提供给员工更多的培训机会。

在人力资源整合中，原 IBM PCD 的大多数部门负责人都得到了提升：原产品部总经理提升为集团副总裁，原渠道管理部经理提升为事业部总经理，原销售部门经理提升为总监。除此之外，新联想的全球高层组织架构中，大面积地启用了原 IBM PCD 的管理者，尤其是海外业务，几乎全部使用了原 IBM PCD 的管理者。

联想集团在并购后采取了一系列的整合措施，但从联想财报中发现，海外的销售收入每年都在增加，而销售业绩却长期低迷，其中的一个原因就是海外人员的费用高昂，效率却低下。于是，联想针对此情况在 2008 年做出了一定的裁员工作，针对的部门和人员主要为原 IBM PCD 下属的相关岗位，从而很大程度上降低了成本。

（4）营销管理制度和销售政策的整合。联想和原 IBM 渠道面对的是不同的客户关系，并购后的联想希望能够实现双方的优势互补，同时也采取了一些互补的措施，联想集团采取了双业务的模式，即交易型和关系型业务模式，即针对中小企业及广大消费者采用交易型的营销模式，一对多地去销售产品，而对于大中型企业及政府等大客户则采取关系型的营销模式，一对一地去与客户沟通并做好大客户的售后服务。

采取"保卫和进攻"的核心策略，即保卫成熟市场的核心关系型业务，以保持关系型业务的健康及稳定盈利贡献。同时，在中国以外的新兴市场，联想致力于促进销量的增长及提升市场份额，其主要目标是在新兴市场中建立起强大的市场地位。

（5）文化整合。2007 年底联想进入了文化整合的阶段，并就企业文化方面采取了一系列的整合措施。并购之后，联想很快成立了全球文化整合小组，由双方的高层领导担任，成员由联想、IBM 和麦肯锡三方的战略和文化方面的专家组成。之后，他们形成了一个共同的、明确的文化框架——"联想全球新文化"。这个框架为联想确立核心价值观、联想的行为规范、联想如何取得成就等给出了定义。联想的核心价值观是联想新文化的框架的基础，这一价值观包括：成就客户；提倡创业创新；诚实正直；讲求多元共赢，倡导互相理解。之后，联想采取了一些活动对新企业文化进行推广（见表 4 - 2）。

表4-2　　　　　　　　　　　联想与 IBM 的文化理念

联想	IBM
看重员工对公司价值观的认同	尊重个人的个性和潜力
以企业为大家庭的亲情文化	职业经理人文化
沉默、含蓄	善于表达，直接
追求低成本的制造业风格	高投入高产出的服务业风格

2. 客户关系整合效果分析

联想并购 IBM PC 业务后采取了一系列的客户关系整合策略和措施，而究竟整合效果如何，下面将从销售能力的角度即销售收入总额、各区域市场的销售额所占比例、市场份额和盈利能力等方面来分析客户关系的整合效果。

（1）总销售收入分析。如表4-3所示，将并购之前的 IBM PC 业务的销售收入也考虑进来，可以看出，并购后第一年（2005年）销售收入有所增长，增长较为缓慢，2005年全球 PC 业务回暖，更是出现了个人电脑市场销量方面16%的增长率，但就联想并购后的销售收入来看，并不乐观。2006年开始好转，总销售收入增长了9.90%，2007年的增长率更是达到了12.07%；但是到了2008年，销售收入开始减少，与上一财年相比，缩减了约14.5亿美元的收入。2009年销售收入回升，达到了比2007年还要高的水平，增长率达11.44%。2010年，联想销售收入更是大幅增长。2008年联想总销售收入的下降，在很大程度上与联想调整 Think 在中国区的市场定位并导致了内部竞争有关。

表4-3　　　　　　　联想并购前后销售收入变化情况　　　　　单位：百万美元

	并购前			并购后					
	2002 年	2003 年	2004 年	2005 年	2006 年	2007 年	2008 年	2009 年	2010 年
联想	2954	2971	2892	13276	14590	16352	14901	16605	21594
IBM PC	8962	9288	10006						
合并	11556	12259	12898	13276	14590	16352	14901	16605	21594
增长率		6.09%	5.21%	1.93%	9.90%	12.07%	-8.87%	11.44%	30.05%

资料来源：联想2002~2010年年报，经笔者整理。

（2）各区域市场销售收入分析

根据联想集团年报显示，并购后，2005~2008年联想的收入主要分为四大区域市场，即大中华区、欧洲中东及非洲、亚太区、美洲区，如表4-4所示。2009年，联想集团组织结构调整后，中国市场、新兴市场和已发展市场的销售收入及占比情况如表4-5所示。

表4-4　　　　2005~2008财年联想集团并购后各地区销售分布状况

单位：百万美元

	2005年	占比	2006年	占比	2007年	占比	2008年	占比
美洲区	3961	30%	4119	28%	4506	28%	3750	25%
欧洲、中东及非洲	2771	21%	3057	21%	3606	22%	3120	21%
亚太区	1672	13%	1833	13%	2113	13%	1597	11%
大中华区	4872	36%	5581	38%	6126	37%	6434	43%
合计	13276	100%	14590	100%	16352	100%	14901	100%

资料来源：联想年报，由作者整理。

表4-5　　　　2009~2010财年联想集团组织结架构
整合后各地区销售分布状况　　单位：百万美元

	2009年	占比	2010年	占比
中国	7804	47%	9221	42.7%
新兴市场	2657	16%	3865	17.9%
已发展市场	6144	37%	7709	35.7%
合计	16605	100%	20795	96.3%

资料来源：联想年报，其中2010年PC业务占联想销售总额的96.3%，联想于2010年开始了联想移动方面的业务，获得的销售收入占销售总额的3.7%。

在联想并购IBM PC业务之前，联想90%以上的业务均来自于大中华区。而联想并购之后，其销售收入来自于四大区域（2009年后更改为三大区域），事实上联想已经形成了全球化的经营。由表4-4、表4-5得知，联想并购完成后，大部分的销售收入来源于美洲区和大中华区，两个区域对于销售收入的贡献能达到65%以上；而且，大中华区销售收入及所占比重呈现上升趋势，而美洲区则呈现下降的趋势。

（3）市场份额分析。市场份额直接反映了企业的产品或劳务是否能够很好地取得顾客和消费者的认可，达到较高的满意度。市场份额越高，说明本企业的产品在市场中的地位越高，越被客户认可。

由表4-6和表4-7可以看出，在并购之前，联想、方正和同方三家企业在2003年大概占领了国内市场份额的近50%，尤其是联想，其在国内市场的份额遥遥领先于其他企业。但在全球市场上联想的市场份额并不处于前列，其与戴尔、惠普等相差很大，其在国际市场上的知名度也不高。就联想和 IBM 在全球的市场份额来看，二者加起来可以达到全球 7% 以上的市场份额。

表4－6   2003 年国内个人电脑市场份额

竞争者	联想	方正	同方	戴尔	IBM
市场份额	27.0%	10.7%	7.1%	6.9%	4.7%

资料来源：IDC，2003 年数据，按出货量测算。

表4－7   2003 年个人电脑全球市场份额

戴尔	惠普	IBM	Fuj－Siem	东芝	宏基	NEC	联想
16.7%	16.2%	5.6%	4.1%	3.3%	3.1%	3.1%	2.2%

资料来源：IDC，2003 年数据，按出货量。

就图4－6 和图4－7 可以看出，联想并购 IBM PC 业务前后的全球市场份额的变化，联想收购结束后至 2008 年，其全球市场份额达到了 7.8%，联想的全球市场份额一直在 8% 以下。此时的数据反映出，联想此次的并购似乎并不乐观，客户关系没有得到很好的使用和整合，而且多数客户们似乎不愿意继续消费并购后的联想（Think 品牌）的产品。然而，2009 年以后开始增加，甚至在 2010 年达到了 10.2% 的占比，紧随戴尔排名第二。从数据可以明显看出，联想在并购后的几年内其在国际市场上的市场份额并未达到之前的预期。但随着联想并购后整合的进一步深入，联想终于赢来了国际化的春天。

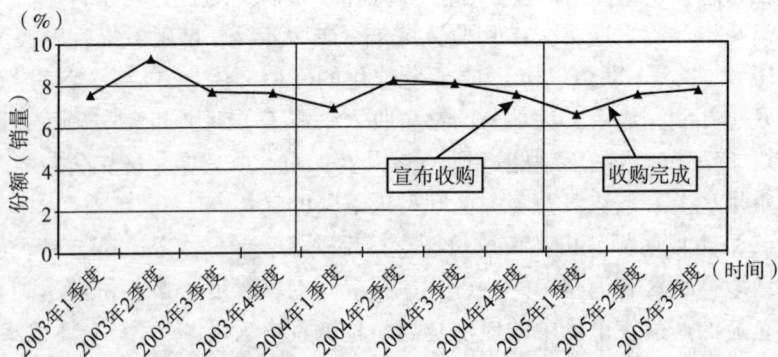

图4－6   联想全球市场份额（2003～2005 年）

资料来源：联想官方网站，联想财报。图中数据是联想和 IBM PC 的市场份额之和。

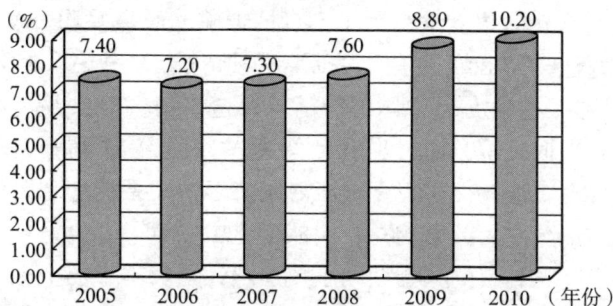

图 4 - 7　联想全球市场份额（2005 ~ 2010 年）

资料来源：联想官方网站，联想财报。

3. 联想跨国并购后整合中出现的问题

（1）品牌定位调整导致品牌价值退化。联想在并购 IBM PC 业务后最初的品牌策略是"双品牌 + 双市场"，不急于改造。但是之后不久，由于对于联想自身品牌的过度信任，联想高层在并购后 18 个月内使用了 IBM - 联想的联合品牌。随后，联想果断放弃了可以无偿使用五年的"IBM"商标。并且调整了 IBM 原有的高端商务市场定位，由高端商务市场转向消费者市场，进一步丰富了 IBM 原有的 T、R、X、G 四个系列的产品，并且推出了 ThinkPad 笔记本的 SL 系列的低端产品，与原有的品牌定位相差很大。这在很大程度上动摇了 IBM 原有客户及其潜在客户对于 Think 品牌的信任。并且，联想品牌的认知度尚低，Think 品牌产品在母品牌 IBM 的庇护下，还能够顺利地占有国际市场份额，而 IBM 的国际知名度和影响力远远大于联想，Think 产品在失去 IBM 的庇护并投身在母品牌 Lenovo 的保护下，势必出现一些客户因为怀疑联想的质量、技术以及低价品牌的标签而选择放弃使用 Think 产品投入其他品牌的怀抱，从而导致客户关系的流失。

IBM 的客户关系与联想的客户关系完全不同，IBM 主要针对大中型企业，直接对准商务高端市场，并且 IBM 的客户大部分为关系客户，他们会基于对于 IBM 的信任继续维持紧密的客户关系。然而，联想一系列的由商务市场转向消费者市场的行为，使得部分客户对其品牌产生了怀疑，直接影响了客户的购买决策。联想集团的国际品牌管理能力薄弱，没能够对收购来的 Think 品牌进行有效的市场维护和创新改造，导致所购品牌在北美等市场影响力下降，品牌价值退化，具体表现为高端品牌形象受到损害。

（2）人力资源频繁变动带来了不利的影响。联想并购 IBM PC 业务之后，为了更好地维持和发展客户关系，联想对于客户关系的管理采用了"双线"管理法。也就是，中国区的销售渠道、销售对象及其销售决策由原联想决策层采取决策；而对于 IBM 的客户关系及其国际事务，则由原来 IBM 的高层管理。这在很大程度上能够维持客户关系的稳定，但是这种稳定的局面，在不久之后频繁的高管团队变更中发生了变化。

一方面，联想高层的频繁变动不仅反映在了资本市场上，其对于消费市场的反映也有一定的影响。高层团队的离开无疑会带走一部分有价值的客户资源，对于联想的对外稳定产生了一定的影响，致使很多采取观望态度的客户选择其他的品牌；另一方面，高层的频繁变化会带来企业内部的不稳定因素，更大的影响是，联想的高层由原联想、原 IBM 和来自戴尔的高管组成了一个"四不像"国际化团队，不仅没有组合三家公司的长处，反而引入了 IBM 的高成本低效率的供应链模式和戴尔式的缺乏战略思考的急功近利思维。文化的不融合以及各公司的短板相加造成了很多人才的流失，造成了联想内部的不稳定，间接影响着客户关系的维护和发展。人力资源中隐含的无形资源，如客户关系、企业文化、管理模式、技术诀窍等具有较高的隐默性和适配性，这就使得一些国际性人才具备的能力只有在嵌入特定企业组织情境中才能最好地发挥作用，而很难顺利转移到联想集团中。

（3）渠道整合不力。不同的企业文化和市场背景下，不同的企业和客户会选择不同的营销方式。而联想原本的营销渠道模式采用了从工厂到供应商再到中间商客户的"端到端"的模式，主要面向的是对于个人消费者的销售；而 IBM 面向的大部分是大中型企业，主要选择的是关系客户的营销模式。两种客户的特点截然不同，因而也不能统一对待，所做的营销努力必然不同。对于个人消费者而言，一对一的营销方式难度大，成本高，而采取电视广告、彩页宣传等一对多的沟通方式比较高效。而对于大中型企业客户，进行一对一营销以及关系营销才会取得想要的效果。

另外，处于消费市场上的购买者大多属于价格敏感型消费者，在一定程度上，价格的变化对于消费者的购买具有一定的刺激作用，从而对于产品的购买量产生影响。而商务市场与个人市场不同，商务市场的消费者大多属于品质敏感型的消费者，他们更注重的是品质的稳定性和服务的独特性，对于价格并不是特别敏感，因此 IBM 一直走的是高端商务的路线。ThinkPad 品牌的电脑一直代表高价位、高质量的形象，价格的下降（如

2006 年在美国发动了三次降价）会给消费者带来质量下降的印象；并且对于中间商而言，其对于产品的盈利性的信心也大大下降。

（4）企业制度混乱，企业文化遭到质疑。并购 IBM PC 业务之后，联想集团实施联想中国和 IBM 的双线管理，并且对职务进行了一一对应，而且创建出了许多新的一系列的职务名称。然而，这些只是一些表面的形式上的调整，最初的管理形式慢慢发生变化，联想和 IBM 的制度差异逐渐表现出来。比如，IBM 一直崇尚高投入高产出的运营模式，而联想则更注重节约。联想在并购 IBM PC 业务之前一直保持着军事化的企业文化，并且柳传志提出"斯巴达克方阵"的管理原则，即通过制度的作用将外面进来的各种各样的人按联想的模式塑造成公司需要的人，希望员工能够把个人的追求融入到联想的长远发展之中。而 IBM 则十分重视每一个成员的尊严和权利，充分调动员工的工作积极性。老托马斯坚信，一切成功都来自每一位员工的努力，把尊重员工视为发展、变革与成功的基础，因此，每位员工的独特个性和潜力都能得到足够的尊重。

两个企业存在显著的文化差异。西方员工希望按照企业组织的层级进行汇报，并且倾向于公开的讨论；而中国员工尤其是高层人员希望可以减少冲突，因此存在越级汇报的状况以及私下"打小报告"的沟通方式，无法得到西方员工的认可。甚至在员工认同方面，有联想内部人士表示说，联想一些可贵的企业文化在联想内部已经难见踪影，员工的归属感越来越差。所有这些都对并购后企业制度的整合和执行产生了一定的阻力，这些会影响联想内部的稳定，产生内耗，削减联想为客户创造价值的能力，从而导致客户资源的流失。

（二）吉利并购沃尔沃汽车的客户关系整合

2010 年 8 月，吉利正式收购沃尔沃汽车公司 100% 的股权，包括获得沃尔沃的品牌、技术资源和遍布全球的销售与服务网络。在并购之初，吉利控股集团就确定了采用分立的整合策略，即集团旗下的吉利汽车和沃尔沃汽车是"兄弟关系"，各自独立运营。

1. 客户关系整合策略和措施

（1）品牌整合。

第一，着力维护好沃尔沃的品牌形象。沃尔沃是发源于北欧且具有全球知名度的高端汽车品牌，品牌核心价值包括三个方面：安全、环保和品质。这三个方面又可以归纳为一点，即"以人为尊"。沃尔沃的竞争品牌主要是宝马、奔驰、奥迪、雷克萨斯等。吉利长期处于汽车产业链的低端，"低质低价"的品牌形象根深蒂固，国际市场影响力和品牌形象明显弱于沃尔沃，其竞争品牌主要是奇瑞、长安等。因此，为了使沃尔沃的品牌形象不受影响，吉利和沃尔沃必须各自独立运营，并由不同的管理团队负责。

第二，不断提升吉利的品牌形象，使兄弟俩变得更像（品牌核心价值接近）。其实，吉利在2007年5月已经提出要战略转型，即从"造老百姓买得起的车"转向"造更安全、更环保、更节能的好车，让吉利汽车走遍全世界"。这次战略转型宣告吉利将结束其靠低成本、低价格竞争的历史，未来要靠高质量、高品质、高技术参与市场竞争，要打品牌战、打品质战、打技术战、打（售后）服务战。近年来，吉利汽车已经推出了很多安全环保的产品，无论市场定位怎样，吉利往这个方向的努力是值得肯定的。所以，我们可以这样来描述吉利和沃尔沃的关系：一个是以安全环保著称的品牌；一个是快速发展的、以安全环保为努力方向的新兴品牌。安全环保逐步成为沃尔沃和吉利共同的品牌基因。

第三，巩固并加强沃尔沃在欧美传统市场地位，开拓包括中国在内的新兴国家市场。在沃尔沃全球市场版图中，欧美市场占比达60%以上，巩固并加强欧美市场地位也是实现沃尔沃复兴的重要基础。在并购之后，中国市场成为沃尔沃的第二个本土市场，做大中国市场是实现沃尔沃增长的重要保障。

（2）渠道和中间商整合。吉利并购沃尔沃之后的渠道整合和中间商整合同样采取了分立的策略，即吉利和沃尔沃分别建立或完善了各自的渠道体系，分别负责开拓自己的海内外市场。2011年1月，沃尔沃中国区总部在上海成立，并开始在中国市场招揽经销商，扩建渠道网络，提升渠道覆盖能力。经销商作为消费者和厂家之间的重要桥梁，担负着沃尔沃品牌形象宣传、品牌价值传递和市场开拓的重要使命，因此热爱沃尔沃品牌是沃尔沃对候选经销商的基本要求之一。

2013年，沃尔沃汽车（中国）发布渠道新战略，其变革内容主要体现在三个方面：（1）渠道向三四五线城市市场下沉，并增加网点的多样性，如3S店、销售展示厅、快修中心等；（2）增加一二线城市体验店数量，提升销售网点形象，加强网点的体验功能，如增设北欧生活体验专区等，进而获得用户对品牌文化的认同感；（3）通过与有实力、有经验的经销商达成战略合作的方式，建立厂商渠道的大网络与经销商区域布局小网络相结合的"网中网"模式。升级后的渠道体系如表 4 – 8 所示。截至 2014 年末，沃尔沃在中国市场已开发 140 家授权经销商、187 个销售网点；2015 年，销售网点进一步增加到 206 个。而吉利在国内市场已开发授权经销商达 710 家。

表4 – 8　　　　　　　　沃尔沃汽车在华销售渠道布局

市场分类	建店模式
一二线城市	全功能店为主：6S + 销售展厅 + 快修中心 + 钣喷中心
三四线城市	3S + 销售展厅 + 机修钣喷中心 + 快修中心 + 在线服务
五线城市	快修中心 + 在线服务

2003 年，吉利汽车开始开拓海外市场；经过多年努力，吉利汽车海外市场覆盖俄罗斯及前独联体市场、北非市场、东盟市场和南美市场等 50 多个国家，但不包括欧美市场。为了降低整体的市场进入成本，吉利在俄罗斯、乌克兰、埃及、印度尼西亚、乌拉圭、斯里兰卡等国建立了组装厂，在一定程度上实现了本地化生产和销售。吉利收购沃尔沃，对于吉利在海外市场的销售网络建设起到了一定的促进作用；因为收购沃尔沃，使得当地经销商认为吉利是一个与众不同的中国企业，在一定程度上增加了对吉利汽车的好感度和信任度。

（3）文化整合。在整合初始，吉利就提出了明确的整合原则，即尊重沃尔沃在长期发展过程中所形成的经营方式和管理理念。在尊重的基础上，还要促进融合。作为中国民营企业的吉利能带给沃尔沃一种企业家精神，内涵包括做事灵活、决策流程快，对市场适应能力强；不管有什么问题、有多大困难都会坚持向前走。众所周知，在大集团下庇护下的子公司，往往其领导决策流程慢，领导人怕担责任只想着做好自己的事情，因而对很多事情的灵活性不够，适应环境的能力也很弱。通过并购整合，吉利能够通过董事会带给沃尔沃管理层更多的企业家精神影响。如表 4 – 9 所示，经过几年的整合之后，吉利与沃尔沃的文化理念相似度不断增加。

表4-9　　　　　　　　　吉利与沃尔沃的文化理念比较

	吉利	沃尔沃
使命	造最安全、最环保、最节能的好车，让吉利汽车跑遍全世界	一切以人为尊
远景	让世界充满吉利	成为世界上最具人文精神、进取精神的豪华汽车品牌
价值观	快乐人生，吉利相伴	热爱事业，充满激情，行动迅速，目标远大，勇于挑战，互相尊重
品牌核心价值	造每个人的精品车	安全、品质、环保、健康

为促进文化融合和全球化发展，吉利集团还专门成立了全球型企业文化研究中心，积极探讨全球整合型企业的发展问题。吉利掌门人李书福认为，全球型企业文化是指跨越国界、跨越民族、跨越宗教信仰，放之四海都受欢迎的企业精神；全球型企业文化有利于推动人类文明进步、幸福快乐，有利于企业创新、创造，具体体现在用户满意度高、员工自豪感强、管理层成就感大，企业整体全面可持续发展。这种文化极度开放兼容，极度远见卓识，积极承担企业社会责任，勇于挑战科技高峰，勇于探索商业文明，充分体现依法、公平、透明、相互尊重的企业治理理念。

为了促进双方的有效沟通，吉利创新设立了一个全新的职位——"企业联络官"，选取富有亲和力、工作经验、经历适合且丰富的人员担任，没有多大的权限，也并不在企业的管理层之中，主要用以传播吉利的基因，主要职责就是沟通。通过策划活动、组织调研，将吉利的理念与沃尔沃的需求进行充分的交流。通过这样的方式，有效化解并购带来的文化冲突。

2. 客户关系整合效果分析

在跨国并购之前，沃尔沃长期亏损；但并购之后，经过两年多的努力，2013年沃尔沃即实现扭亏为盈；与此同时，吉利也成为中国自主汽车品牌转型升级中的一匹"黑马"，跨国并购产生了较为显著的协同效应。

（1）沃尔沃全球销量和中国市场销量实现持续增长。如表4-10所示，在并购之后，沃尔沃汽车的销量实现持续增长，这主要得益于沃尔沃在中国市场的快速成长。2011年沃尔沃全球销量增长20.3%，中国市场增长54.4%。2013年沃尔沃全球增长1.4%，中国市场增长45.6%。2014年沃尔沃全球销量增长8.0%，中国市场增长32.8%。

　　2015 年沃尔沃全球销量增长 8.0%（503127 辆），中国市场增长 0.02%（81588 辆）。2015 年沃尔沃共售出 50.3 万辆车，创下了 89 年历史上首次销量超过 50 万辆的纪录。在全球三大核心市场，沃尔沃的销量都有所斩获，其在欧洲的全年销量大涨 53.5% 至 269249 辆，在美国市场的销量也上涨 24.3%，获得了里程碑式的增长。

表 4－10　　　　　　　　　　　　并购后沃尔沃的市场业绩

年份	全球市场		美国市场		中国市场	
	销量	增速	销量	增速	销量	增速
2011	449255	20.3%	67273	24.7%	47140	54.4%
2012	421951	－6.1%	68079	1.2%	41989	－10.9%
2013	427840	1.4%	61233	－10.1%	61146	45.6%
2014	465866	8.9%	56371	－7.9%	81574	32.8%
2015	503127	8.0%	70047	24.3%	81588	0.02%
2016	534332	6.2%	82726	18.1%	90930	11.5%

注：表中数据来自沃尔沃汽车集团年报。

　　根据销售数据，吉利汽车在国内一二线市场的销量占比已达 53.6%，品牌影响力与日俱增，越来越多的都市白领、公务员人群成为吉利汽车的用户。

　　（2）经销商满意度不断提高。经销商满意度是客户关系整合效果的重要体现。在中国市场，沃尔沃在追求经销商网点数量扩张的同时，也重视网点质量的提升。特别是自 2015 年以来，沃尔沃把资源向现有经销商网点的运营能力、竞争力开发方面倾斜，引导经销商的运营模式从单一的新车销售转向包含售后、保险、金融的全价值链经营，以此提高其投资回报率。

　　为保证和提升经销商客户价值，沃尔沃在以下方面做出了努力：第一，加强对经销商的培训，推行更先进、更重视用户体验的销售服务和售后服务流程；第二，根据目标市场需要，降低经销商投资规模；灵活选择合作模式，如果经销商能够保证区域销售目标的实现，沃尔沃将不再接受新的经销商申请，使得投资人形成规模效应；第三，对经销商网点改造提供一定的资金支持。在中国市场，尽管多数经销商加入沃尔沃渠道体系的时间不长，但相对其他豪车品牌却能够更快地实现赢利，进而提高了经销商的满意度。

3. 原因分析

吉利融合沃尔沃较为成功，靠的是什么。吉利掌门人李书福认为，是靠沟通互信，靠合规合法，靠和而不同的中华文化底蕴；靠与工会组织建立良好沟通，坦诚相见，同舟共济；靠尊重欧洲成熟的商业文明，严格目标管理，有效放权，让管理层充分发挥"主人翁作用"；鼓励思想碰撞，强调人文关怀，用"和而不同"包容各种建设性意见，确保企业沿着设定的战略轨道可持续发展。东西方文化并非不可调和，关键在于包容互信，彼此尊重，和而不同。

从渠道和中间商客户关系整合绩效看，沃尔沃的新渠道战略在保证经销商投资回报、提升渠道效率的前提下，加快了对三四及五线城市的覆盖，经销商可以根据当地的城市规模、经济发展水平、消费水平和消费者消费习惯，采取因地制宜的策略，确定不同的投资规模和开店模式，并充分利用现代信息技术和电子商务手段，有效提升投资效率并改善投资回报。

七、结论和不足

（一）研究结论

吉利和联想的跨国并购不仅对于企业自身的发展有着极其重要的战略意义，对于其他中国企业如何走出国门、走向世界，如何参与国际竞争，如何有效开展跨国并购整合也有着重要的示范作用和参考价值，甚至有可能成为中国制造企业真正跻身世界 500 强，成长为世界级企业的开端。本章主要通过对跨国并购整合理论的梳理，从资源基础论的角度论述客户关系作为一种无形资源对于跨国并购后整合的重要影响，并且阐述了客户关系作为无形资源所具备的资源特性以及影响客户关系整合的各种因素。在此基础上，又分析了客户关系整合的内容、整合流程、整合策略以及我国企业跨国并购后客户关系整合的策略选择。

本章运用了案例分析法，比较分析了联想和吉利两家企业的跨国并购状况及其客户关系整合情况，并且对于整合不力的问题提出了启示，为我国正在或将要实施跨国并购战略的企业提供一些参考。

本章通过对于联想和吉利的并购整合案例分析，阐明了企业并购后的客户关系整合对于企业的发展具有重要的意义，客户关系整合在一定程度上决定了企业并购的成败，必须给予足够的重视。客户关系作为无形资源的资源特性决定了其具有不可复制性，并且它的转移效果与企业的文化整合、人力资源整合、渠道整合以及品牌的整合等密不可分。通过前文的论述，本章主要得出以下四方面的结论：

（1）目前中国企业的跨国并购多呈现为国内较为年轻的企业并购行业内历史较为悠久的欧美企业的长期处于亏损状态的业务部门，以期获得被并购方的技术、品牌、渠道、客户关系等战略性资源。然而，事实证明，并购企业的想法过于理想化。并购前中国企业的产品主要面对拉美、中东、亚洲等市场，而欧美企业的产品多面向欧美市场；并购后，由于目标市场、产品结构和市场定位的不同，造成了并购方企业很难完全利用被并购方企业已有的渠道资源，在一些国际目标市场仍需要自己去创建新的渠道。

（2）由于客户关系具有隐默性和适配性，因此客户关系的整合与文化、人力资源、品牌的整合密切相关，客户关系的整合是一个复杂的过程。客户关系双方的适配涉及战略适配、文化适配、组织适配、人员适配和运营适配等层次。

（3）本章阐述了客户关系整合的内容、整合流程和整合的策略，并且阐明了客户关系的整合与文化整合密切相关，文化整合不仅仅是并购双方文化的整合，还涉及客户关系双方的文化整合与适配。客户关系整合内容还包括并购双方营销理念和销售政策的整合。

（4）通过比较分析联想和吉利两个企业的跨国并购后的客户关系整合效果和整合策略，总结利弊之处，说明差距，得出启示。就整合策略方面，联想使用了多种策略，注重了文化、品牌、人力资源等相关资源的整合并且整合能力、客户关系管理能力均较强。而吉利采用了分立的基本策略推动品牌整合、渠道整合和客户关系整合，并且非常重视文化整合的统驭性，整合效果较好。在文化整合过程中，尊重差异，但更重视"和而不同"。

（二）研究不足

企业跨国并购中，客户关系的整合和转移的研究具有重要的理论和现实意义，将会对中国企业未来的跨国并购战略提供重要的参考。本章完成了对联想和吉利跨国并购案例的比较研究，基本达到了预期的研究目的。

本章研究的不足之处在于：

（1）影响客户关系整合的因素具有一定的主观性，在实践中还需要根据企业自身的实际情况予以调整。

（2）客户关系与新组织情境的适配性很大程度上决定了客户关系整合的成败，而组织情境与企业的文化整合、品牌整合、人力资源整合、渠道整合等密切相关，但是这种相关性具有复杂性和主观性，很难进行量化分析。如何对这种相关性进行定量实证分析将是未来努力的方向。

（3）本章所讨论的两个案例，即联想集团收购 IBM PC 业务和吉利收购沃尔沃汽车具有行业特殊性，缺乏多案例、多行业条件下的综合分析研究，因此所得出的结论还需进一步验证。

（4）受调研能力的限制，本章对联想和吉利跨国并购案所掌握的数据资料不够充分，侧重于案例企业在中国市场的表现，导致比较分析不够全面和深入。联想和吉利跨国并购虽然已过去了数年的时间，但是对他们的研究仍然非常有价值，值得做进一步深入探索。

参考文献：

［1］Haspeslagh P C，Jemison D B. Managing Acquisitions：Creating Value through Corporate Renewal ［M］. New York：Free Press，1991.

［2］Habeck M M，Kroger F，Tram M R. After Merger：seven strategies for successful post-merger integration ［M］. London：Preentence Hall，2000.

［3］Belcher T，Nail L. Integration problems and turnaround strategies in a cross-border merger：a clinical examination of the Pharmacia – Upjohn merger ［J］. International Review of Financial Analysis，2000（2）：219 –234.

［4］Barney J B. Firm resources and sustained competitive advantage ［J］. Journal of Management，1991，17（1）：99 –120.

［5］Lee H M et al. Brand image strategy affects brand equity after M&A ［J］. European Journal of Marketing，2011，45（7/8）：1091 –1111.

［6］Branson J. Transfer technology knowledge by International Corporation to developing countries ［J］. American Economics Review，1966（03）：259 – 267.

［7］Calori, Lubatkin, Control mechanisms in cross-border acquisitions: An international comparison, Organization Studies, 1994.

［8］Homburg C, Bucerius M. A marketing perspective on mergers and acquisitions: How marketing integration affects post-merger performance ［J］. Journal of Marketing, 2005, 69: 95－113.

［9］Mirvis P H, Marks M L. Managing the Merger, making it work ［M］. New York: Prentice－Hall, 1992.

［10］Dwyer F R, et al. Developing buyer-seller relationships ［J］. Journal of Marketing, 1987, 51 (2): 11－27.

［11］姚水洪：《企业并购整合问题研究：面向核心能力提升的并购后整合分析》，中国经济出版社 2005 年版。

［12］张洁梅：《企业并购整合研究现状综述》，载《商业时代》2011 年第 12 期。

［13］张秋生、王东：《企业兼并与收购》，北京交通大学出版社 2001 年版。

［14］潘爱玲、刘慧凤、张娜：《论企业并购后的财务整合》，载《山东大学学报》，2004 年第 3 期。

［15］秦剑：《企业并购中的战略整合》，载《财经科学》2005 年第 5 期。

［16］叶映：《并购企业的人力资源整合研究》，载《改革与战略》2004 年第 6 期。

［17］亚历山大·里德·拉杰科斯著，丁慧平、孙先锦译：《并购的艺术：整合》，中国财政经济出版社 2001 年版。

［18］王珂、张晓东：《论企业并购后的整合管理》，载《经济师》2000 年第 9 期。

［19］魏江：《基于核心能力的企业购并后整合管理》，载《科学管理研究》2002 年第 1 期。

［20］韩静、张利：《战略并购知识资源整合风险管理系统的构建》，载《现代管理科学》2010 年第 7 期。

［21］李善民、刘永新：《并购整合对并购公司绩效的影响——基于中国液化气行业的研究》，载《南开管理评论》2010 年第 4 期。

［22］李广明：《中国制造企业跨国并购后的整合模式研究》，载《国际经贸探索》2006 年第 9 期。

［23］王桂林、庄贵军：《中国营销渠道中企业间信任的概念模型》，载《当代经济科学》2004 年第 1 期。

［24］庄贵军：《权利、冲突与合作：西方的渠道行为理论》，载《北京商学院院报》2000 年第 1 期。

［25］刘文纲、汪林生、孙永波：《跨国并购中无形资源优势转移研究——以 TCL 集团和万向集团跨国并购实践为例》，载《中国工业经济》2007 年第 3 期。

［26］过聚荣、邹适融：《企业客户关系的特征性分析及其治理机制研究》，载《南开管理评论》2007 年第 1 期。

［27］项保华、殷瑾：《购并后整合模式选择和对策研究》，载《中国软科学》2001 年第 4 期。

［28］庄贵军、周南、周连喜：《国货意识、品牌特性与消费者本土品牌偏好》，载《管理世界》2006 年第 7 期。

［29］周洁如、张新安、周朝民：《客户关系维度及其度量模型》，载《华东交通大学学报》2007 年第 5 期。

［30］许晖、冯永春、许守任：《基于动态匹配视角的供应商与关键客户关系的构建与演进》，载《管理世界》2014 年第 4 期。

［31］姚鹏、王新新、靳代平：《"蛇吞象"式并购条件下的品牌管理研究述评与展望》，载《外国经济与管理》2015 年第 2 期。

［32］何健等：《管理能力、关系收益与顾客资产的关系研究》，载《南开管理评论》2010 年第 5 期。

［33］陈明亮：《客户关系修复中的一些关键问题研究》，载《经济管理》2005 年第 4 期。

第五章

跨国并购中品牌资源
整合绩效评价研究

并购整合绩效决定跨国并购价值创造，通过对并购整合绩效的评价，有助于发现并购整合管理中存在的问题，并通过及时解决问题进而提升并购绩效，促进企业国际化发展。传统的并购绩效评价，更大程度上考察的是跨国并购行为对上市公司股价或并购后企业经营绩效的影响，而并购整合绩效评价的是通过并后整合所产生的并购协同效应，关注的是企业竞争能力和长期经营绩效的变化。

本章首先对跨国并购中品牌资源整合绩效特征进行分析，并阐明影响品牌资源整合绩效的主要因素；进而，探讨跨国并购中品牌资源整合绩效评价的思路和方法，并构建品牌资源整合绩效评价的指标体系。最后，选择中国企业跨国并购案例进行实证检验，阐明评价指标体系的可操作性和有效性。

关键词：跨国并购；整合绩效评价；并购协同效应；指标体系

一、文献综述

一般认为，并购绩效是指并购行为给并购双方带来的价值创造。早期的研究认为，财务绩效是并购成败的主要衡量指标，也是并购后价值创造或价值毁损最直接的测量指标。但近年来的研究则更加注重并购整合对企业发展的长期影响，且丰富了绩效内容，逐渐倾向于协同效应（synergetic effects），即通过并购整合促进并购双方资产、知识和技能的共享或优化配置进而形成企业新的竞争优势。

（一）关于影响跨国并购整合绩效的因素

通过梳理已有文献可以发现，国内外学者们关注的可能影响跨国并购整合绩效的因素包括：文化差异、行业关联性、企业性质、先前并购经验、权力不对称性、并后整合模式、支付方式、并购交易规模或并购双方相对规模、高层管理者调整、制度距离等因素，其中一些研究是针对中国企业的跨国并购行为。

文化差异是影响跨国并购绩效最重要的因素之一，但在文化差异如何影响跨国并购绩效的问题上，研究结论很不一致（段明明、杨军敏，2011）。多数研究认为，文化差异会降低员工投入与合作水平，导致目标公司管理团队变动，加大并后资源整合的复杂性，降低资源转移效果，进而对并购绩效产生负面影响。但有一些学者则认为，文化差异是并购价值创造的来源。文化差异越大，并购各方在知识、惯例和技能等方面的互补性越强，越有利于提高并购后的组织竞争力，从而提升并购绩效（Morosini et al.，1998；林季红、刘莹，2013）。已有研究成果的不一致源于很多因素，主要集中在四个方面：不同的文化观、对文化差异概念本身的不同理解、不同的并购绩效研究方法、关注任务整合还是社会文化整合（段明明、杨军敏，2011）。

顾露露（2011）研究发现，海外上市的中国企业通常跨国并购绩效更佳，香港上市的中国企业的并购绩效明显好于仅在内地上市的公司。从并购的角度看，在海外上市能拓展融资渠道，提高企业信誉度和投资者对公司并购整合能力的信心。海外上市也是企业丰富国际化运营经验的重要途径。

并购交易规模与跨国并购绩效之间也存在密切的关系。交易规模越大的跨国并购意味着并购后整合的难度可能更高；并购大规模企业可以获得管理、销售、生产或分配上的规模经济性，同时降低跨国并购中的信息不对称水平。因此，交易规模的大小对跨国并购绩效的影响是不确定的。穆勒和舒林格曼（Moeller and Schlingemann，2005）研究美国企业的跨国并购时发现，交易的相对规模与并购获得的累积超常收益成显著的正相关关系。

余鹏翼和王满四（2014）利用多元回归模型对国内上市公司跨国并购绩效的影响因素进行实证检验，研究结果表明：现金支付方式、第一大股东持股比例、并购双方的文化异质对收购方公司的并购绩效影响显著正相关；收购方公司的政府关联度与其并购后的短期绩效正相关，与其长期绩效显著负相关；收购方公司的经营规模与其并购后的短期绩效显著负相关，与其长期绩效显著正相关。

李强（2015）从制度角度研究国家之间的制度差距对跨国并购绩效的影响。通过理论和实证分析发现：我国与被并购国家的制度距离越小，跨国并购后绩效改善越明显；规范性制度距离的增加会降低跨国并购后的企业绩效，而管制性制度距离对企业跨国并购绩效的影响取决于并购年限和并购国家的制度质量。

（二）关于绩效评价方法

并购交易往往会导致上市公司股价和财务指标产生不同程度的波动和变化；因而，学者们集中采用事件研究法（如王海，2007；林季红、刘莹，2013）和会计研究法（如冯根福、吴江林，2001；高良谋，2003）进行并购绩效评估。有的研究针对并购方公司，有的研究针对被并购公司（目标公司）。

1. 事件研究法

事件研究法，又称为股票价值法，主要是通过分析并购事件宣布前后的股票价格变化来衡量跨国并购绩效。事件研究法基于效率市场理论假设之上，即股票价格能够反映所有公开的信息，股价变动则可以反映新的信息及其影响。该评价方法通常分析的指标是并购事件引发股票市场上的超常收益率（Abnormal Return），由真实的股票回报与给定市场绩效情况下可预见的回报之间的差额来确定。

这种评价方法虽然在评价短期绩效方面较为有效且具有较易获得数据的优势，但采用的指标过于单一，直接来描述跨国并购效率的变化不太合理，同时该方法还存在以下三方面缺陷：其一，该方法要以市场有效为前提，但市场有效性不一定高；其二，该方法忽略了非流通股股东的损益；其三，时间窗口的选择无法规避并购早期市场的反应及并购后一些不相关的信息（倪中新等，2014）。

2. 会计研究法

会计研究法主要通过对比并购交易前后公司财务数据的变化来分析并

购交易的影响。该方法在对企业长期的并购绩效方面更有说服力，但也存在一定的突出问题：一方面，由于企业所属行业的不同，学者对指标体系的选择和赋权存在差异，整合的财务信息也过于随意；另一方面，并购后财务绩效评价中难以有效区分财务绩效指标的影响因素，也难以排除并购后环境变化对并购绩效的影响（倪中新等，2014）。

评价期间的选择也会影响财务评价的结果。不同研究者对于评价期间的选择并不相同，早期的研究认为 3 年能够充分反映并购后公司绩效的变化（陈健等，2005）。哈里森等（Harrison et al.，1991）认为用不少于 3 年但不超过 5 年的数据来分析并购前后绩效更合理，尽管一些与协同有关的效果在 5 年内无法完全实现，但增加年数会增加非控制因素影响的可能性，如公司新的战略行动。

3. 其他研究方法

为弥补上述两种方法的不足，一些学者开始运用 DEA 数据包络技术来探索并购价值。倪中新等（2014）以 2007～2010 年我国 A 股上市企业发起的 134 起海外并购案例为样本，首先运用 DEA 数据包络前沿分析模型并结合 Malmquist 指数构建了多输入、多输出指标的绩效评价体系，结果表明中国海外并购的效率整体上呈现弱势状态，并且在不同的区位及行业中并购绩效表现层次不一。

由于并购后被收购公司绩效的公开信息不能有效地得到，使得用股东的收益评价不能反映被收购公司真实的并购后绩效；因此，一些研究采用专家评分法来评价公司的并购后绩效，即对于每一项并购，选取 6 个收购公司的高层管理人员和 6 个专门从事并购证券分析的证券分析师作为被调查的专家，在 7 级量表基础上，由这些专家对并购公司或目标公司的盈利能力进行评价（Cannella and Hambrick，1993）。

还有一些研究采用案例研究法来评价跨国并购整合绩效（周路路等，2012；胡海清等，2016）。案例研究法是管理学研究的基本方法之一，尤其适用于对现象的理解、寻找新的概念和思路乃至理论的创建。选择案例研究的方法，一方面，考虑到研究并购整合过程中涉及的因素较多且不同并购案例的差异性较大；另一方面，获得案例企业高层管理者的支持是非常重要的，可以为访谈及获得企业的内部资料提供保障，从而有助于提高案例的信度水平。

二、品牌资源整合绩效的特征

并购整合绩效不完全等同于并购绩效，并购整合绩效在很大程度上决定并购后企业的长期经营绩效。从整合内容看，跨国并购中的品牌资源整合不仅包括品牌整合、渠道整合和客户关系整合，还涉及文化整合和人力资源整合等；从整合过程看，品牌资源整合绩效不仅要考评短期效果，更要考评其长期绩效，例如自主品牌的国际化程度。因此，跨国并购中的品牌资源整合绩效不仅具有多层次性、交互性，还具有关联性、过程性等特征。

（一）并购绩效与并购整合绩效的关系

从形成机理看，并购绩效与并购整合绩效之间有密切关系，但又存在不同。并购绩效反映并购的价值创造；而价值创造可能源于并购后规模经济或范围经济给企业带来的效益上升或成本下降，或者产生于收购亏损企业带来的税收减免，或者产生于资源整合或知识能力转移而产生的各种管理协同效应。换言之，并购整合绩效（协同效应）是形成并购绩效的机制之一，因这种机制有助于增强企业竞争能力或者形成新的竞争优势，因而往往是关键的，而且是长远的。

从绩效评价的目的看，两者也存在差异。通过文献梳理发现，国内外学者主要通过分析并购前后公司股价变化或财务绩效指标（如盈利能力指标）的变化来评价跨国并购绩效。这类研究不管是针对并购方企业，还是针对被并购企业，侧重考察的是并购行为本身对并购企业经营绩效或股票价格的影响。其研究结果可能存在两方面的缺陷：一是不能排除并购后环境变化对并购绩效的影响；二是不能充分体现无形资源整合效果及产生的协同效应。而对于并购整合绩效的评价，则主要考评的是并购整合过程的有效性和整合结果的有效性；因而，并购整合绩效评价的思路和方法应与并购绩效评价有所不同。

（二）品牌资源整合内容的多样性、交互性与并购整合绩效

品牌资源整合不仅指并购双方品牌的整合，还包括渠道整合、客户关

系整合等，而且三者之间有密切关系。品牌整合方式和并购后品牌战略选择在很大程度上决定着渠道整合和客户关系整合。例如，当并购企业选择维护被收购品牌的独立性和原有定位时，双方原有的渠道系统和中间商客户关系也会相互独立。在跨国并购中，并购双方渠道的整合直接决定了新的中间商布局和对原有中间商的取舍，即原渠道中哪些中间商会被保留，哪些中间商会被放弃，被保留中间商在新的渠道系统中履行什么样的职责等，进而基于渠道而建立的客户关系布局也会发生变化。

进一步看，品牌整合效果与渠道整合、客户关系整合效果存在相互影响的关系，即交互性特征。品牌整合效果好，意味着并购双方品牌资产都能够得到提升，进而有助于巩固客户关系（增强渠道中间商的合作意愿）；反过来，如果客户关系维护的好，渠道控制效果好，进而也有助于维护或提升品牌资产。例如，联想在收购 IBM 的 ThinkPad 品牌 1 年后，就调整了品牌定位，开发出了面向消费者市场的中低端机型，结果导致中间商和企业大客户均产生了品牌认知失调，进而降低了他们的合作意愿或购买意愿。

此外，品牌资源整合绩效在很大程度上受文化整合和人力资源整合效果的影响。如果文化整合效果好，即并购双方价值冲突得到控制，甚至构建了有助于共享、信任的文化氛围和目标，则在人力资源整合中有助于保留核心员工，特别是销售骨干，进而使已经形成的中间商客户关系或最终客户关系得到维护、保留；反之，则会导致客户资源流失。

（三）品牌资源整合的过程性与并购整合绩效

跨国并购整合是一个长期而复杂的过程。这一过程可以划分为若干个阶段，例如，Quah 等（2005）按照并购企业对被并购企业的整合程度，把整合过程划分为并购前阶段、缓慢整合阶段、快速主动整合阶段、完全整合阶段。周路路等（2012）将跨国并购后的整合过程划分为三个阶段：动荡阶段、运营变革阶段和稳定发展阶段。在并购后不同的整合阶段，并购企业采取的整合方式、整合重点、整合策略等方面会有所不同，因而整合绩效任务、绩效评价方法也应有所不同。例如，在并购整合初期（动荡期），整合的主要任务是加强沟通，保持被收购公司的管理团队、销售团队及重要客户的稳定。如果在这一阶段，出现了骨干员工离职潮或明显的客户流失现象，那么，往往说明这一阶段的整合绩效较差。

联想在并购 IBM PCD 的头一年里就发生了这样的问题，由于沟通和关怀不足，原 IBM PCD 中国区的近 40 名销售或渠道负责人选择了离开联想，而这些销售业务骨干转投惠普、戴尔等竞争对手阵营，更带走了数以百计的重点渠道商资源。

在渡过动荡期后，并购整合任务将转化为促进资源整合和知识转移为重心，可能伴随营销策略调整、渠道结构优化、人员变动、制度变革等。在这一阶段，并购方可能开始借助被并购方的分销渠道销售自主生产的产品，进而意味着国际市场覆盖面的扩大和海外销售收入的增加；根据产品组合特性，并购方还有可能改变渠道结构，如加强线上渠道的建设，甚至自建线上交易平台，进而降低对区域中间商或实体零售商的依赖。

三、跨国并购中品牌资源整合绩效评价的思路和方法

为使品牌资源整合绩效评价结果客观、可靠，需要回答以下几个方面的问题：整合绩效任务是什么？影响整合绩效的因素主要有哪些？采用什么样的绩效评价方法？构建什么样的绩效评价指标体系？

（一）明确品牌资源整合绩效任务

如前所述，品牌资源整合不仅指并购双方品牌的整合，还包括渠道整合、客户关系整合等，而且三者之间有密切关系。品牌整合的主要任务包括：（1）界定双方品牌之间的关系，明确品牌市场定位；（2）消除客户及消费者的认知冲突，维护和提升被收购品牌资产；（3）促进自主品牌的国际化成长，提升自主品牌的国际市场知名度、美誉度和忠诚度等。

对于渠道整合和客户关系整合而言，最主要的整合绩效任务是在进入更多国际市场的基础上扩大公司营业收入。促进渠道资源共享，加快开拓国际市场的步伐是跨国并购的重要战略目标，因而也是渠道资源整合的重要绩效任务。此外，维护销售团队的稳定性，及促进客户信任和长期合作意愿，也是渠道整合和客户关系整合的重要绩效任务。销售团队整合是跨国并购中人力资源整合的重要内容，销售团队整合的首要目的是维护团队的稳定性，进而促进组织学习，实现市场知识和客户资源的共享。国际市场知识转移和共享是跨国并购中市场价值创造的重要来源。

（二）梳理整合绩效前因变量

在跨国并购中，提升品牌资产、扩大销售收入、促进国际市场知识的转移等品牌资源整合绩效任务能否达成或者能在多大程度上达成，受许多因素的影响，包括文化差异、先前并购经验、品牌相对强度、消费者民族中心主义、并购交易规模等，如图5-1所示。

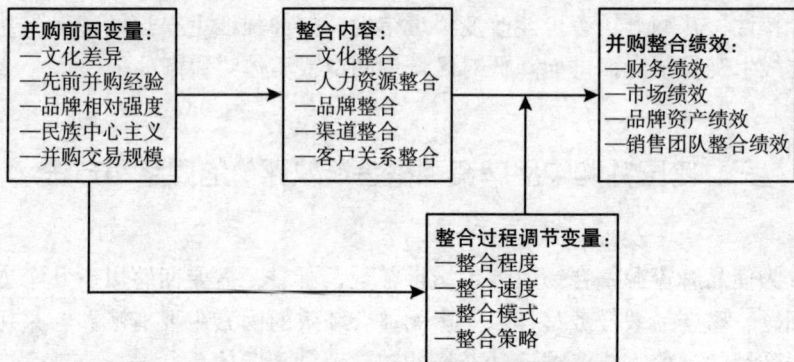

图5-1　跨国并购中品牌资源整合绩效评价分析框架

在这些因素中，文化差异的影响可能是最大的。一方面，文化差异的客观存在可能降低员工的投入和合作水平，导致目标公司管理团队或骨干员工的离职潮，削弱知识源的传授能力和接收者的吸收能力；另一方面，文化差异会引起并购双方相互的文化吸引，促进知识转移（段明明、杨军敏，2011）。那么，这两种效应各自发生的条件分别是什么？它们的关系如何？哪一种效应在什么情况下会更大一些？组织文化与民族文化分别起到什么作用？这些问题很难通过定量研究给予解释，但可以通过多案例研究得出一定的结论。

在研究品牌资源整合绩效时，并购双方的品牌相对强度是一个重要的前因变量。中国企业发起的跨国并购大都属于"蛇吞象"式并购，即我国的弱势品牌并购整合欧美国家的强势品牌。根据现有文献，在"蛇吞象"式并购条件下，品牌资源整合最好采取分立式整合，即维护被收购的欧美品牌的独立性，甚至包括原有渠道体系的独立（姚鹏等，2015）。此外，在"蛇吞象"式并购条件下，采取适当的品牌管理策略（如保留原产地等）来维护品牌形象，弱化并购事件对强势品牌的负面影响是并购后品牌管理者应解决的重点问题。

（三）明确整合过程变量对整合绩效的调节作用

在品牌资源整合过程中，所采取的整合方式、整合速度、整合程度等方面的不同必然会影响到整合绩效任务。在不同的整合阶段，整合绩效任务也会有所不同，进而整合绩效的评价结果也会不同。

在并购整合过程中，推进速度或时机的把握很重要。整合推进的速度快慢各有利弊，类似"长痛"与"短痛"的关系。但根据科尔尼对1345家企业并购案的分析，一个公司只有两年时间抓准机会提升企业价值。两年后，产生协同效应的机会就消失了。此外，成功领导公司并购整合的高级管理者有一个共同点——就是让整个组织里充满紧迫感；这样，在并购后迅速实施整合方案的公司更有可能取得成功。

（四）设计整合绩效评价方法并构建评价指标体系

1. 绩效评价方法选择

传统的并购绩效评价方法主要是事件研究法和财务绩效研究法，这两种方法都是基于大样本进行定量分析，但它们很难深刻反映跨国并购整合绩效。由于品牌资源整合绩效具有多层次性、交互性、关联性和过程性等特征，因此案例研究法更为适合品牌资源整合绩效的评价。案例研究除了可以验证理论、批判理论之外，也可以构建理论，具体回答"是什么"、"为什么"和"怎么样"的问题（Lee et al.，1999；欧阳桃花，2004；潘绵臻、毛基业，2009）。

案例研究既可以采用单一案例研究法，也可以采用多案例研究法。单一案例研究法，有助于揭示特定案例企业跨国并购整合管理实践及其特殊性；多案例比较研究有助于回答"为什么"和"怎么样"的规律性问题，分析结果的应用价值会更高，但对于研究者案例调研能力有了更高的要求。在案例研究中，同样可以分析并购前后财务指标的变化，进而在一定意义上揭示并购整合绩效。

2. 整合绩效评价指标体系

　　绩效评价指标是对并购整合绩效目标任务达成情况的反映。针对跨国并购中的品牌资源整合，构建绩效评价指标体系应贯彻系统性、关键性、可比性、可操作性、可量化等原则，进而达成客观反映品牌资源整合绩效并揭示所存在问题的目的。

　　绩效评价指标主要由两类指标构成，即财务绩效指标和非财务指标。其中，财务绩效指标主要反映并购整合所产生的财务效果，如盈利能力、运营能力的增强等。非财务指标主要反映并购整合目标或任务的达成情况，如海外市场扩张、市场占有率提升、核心员工的稳定性、品牌资产维护等。财务绩效指标数据可以通过公开发布的公司年报获得，而非财务指标数据可能主要通过管理层访谈或专家评价获得。

四、品牌资源整合绩效评价指标体系

　　整合绩效评价指标体系的构成应有助于全面、客观地评价跨国并购中品牌资源整合绩效目标的达成情况。根据品牌资源整合绩效特征，本章认为，可以从财务绩效、市场绩效、品牌资产绩效和人力资源整合绩效四个维度来构建品牌资源整合绩效评价指标体系。

（一）绩效内容及评价指标选取

1. 财务绩效及指标选取

　　如表 5 – 1 所示，本章首先采用财务指标法，通过选取能够反映经营管理协同效应的三大类指标，对比各项指标在并购前后的变化趋势，以检验并购双方是否通过跨国并购整合实现了协同效应。本文选取的三大类指标分别是盈利能力指标、发展能力指标和运营能力指标。其中，盈利能力方面选取了三个指标，即净资产收益率、销售净利率和成本费用利润率；发展能力方面选取了两个指标，即营业收入增长率和总资产增长率；运营能力方面则选取了存货周转率和应收账款周转率两个指标。

表 5 –1 跨国并购中品牌资源整合绩效评价指标体系

绩效维度	一级指标	二级指标	数据来源
财务绩效	盈利能力	净资产收益率 销售净利率 成本费用利润率	根据上市公司年报数据测算
	发展能力	营业收入增长率 总资产增长率	
	运营能力	存货周转率 应收账款周转率	
市场绩效	市场扩张能力	进入国际市场数量 进入国际主流市场数量	企业调研 企业经营数据
	市场领导力	国内市场占有率 国际市场占有率	
	渠道关系质量	渠道成员信任度 渠道成员的合作水平	并购企业销售团队和 中间商访谈
品牌资产绩效	品牌战略规划	品牌战略规划的清晰度	企业访谈/专家意见
	品牌价值	品牌资产价值	Brand Finance 发布
	品牌形象	用户满意度	问卷调查
	品牌认知度	用户对自主品牌的接受度	访谈/问卷调查
人力资源整合绩效	销售团队整合绩效	销售团队稳定性 销售团队执行力 市场知识转移效果	销售人员访谈 经销商访谈 专家意见

2. 市场绩效及指标选取

传统并购绩效考评方法也评价市场绩效，但考评的是跨国并购事件对股票市场（公司股价）的影响。在本绩效考评体系框架中，市场绩效也是重要的考评内容，但主要考评的是经过并购整合后跨国并购双方品牌及产品在国内国际产品市场上的表现。市场绩效考评从三个方面入手，分别是市场扩张能力、市场领导力和渠道关系。其中，市场扩张能力主要考评并购整合后企业进入国际市场的数量，及进入国际主流市场的数量，反映并购方对被并购方渠道资源的利用情况；市场领导力主要通过本土市场占有率和国际市场占有率两个指标来考评。

渠道关系指并购企业与区域经销商或代理商的信任与合作关系，顺畅、持久的渠道关系有助于提升渠道成员的合作意愿和承诺水平，防范或化解渠道冲突，进而提升渠道运行效率。对并购企业与区域经销商合作关系的测量可以从以下两方面进行：渠道成员的信任度和渠道成员的合作水平。

3. 品牌资产绩效及指标选取

品牌资产价值反映的是消费者根据自身需要对某一品牌的偏爱、态度和忠诚程度，特别是消费者赋予一个品牌超越其产品功能价值之外的形象价值部分；换言之，品牌资产价值是品牌市场竞争力的客观表现。在跨国并购整合过程中，并购双方品牌资产价值的维护和提升是品牌资源整合管理的重要目标，因此也是整合绩效考评的重要内容。需要特别指出的是，在"弱并强"并购条件下，被并购的强势品牌不仅会得到并购方的继续使用，而且往往会保留其独立性；因此，在品牌资产绩效评价时，不仅要考评并购方自主品牌资产的维护和提升情况，还要考评被并购品牌的资产价值维护和提升情况。

跨国并购后的品牌战略规划是否清晰和有效，关系到品牌的国际化成长和长远发展；因此，对品牌资产绩效的评价首先要考评并后品牌战略规划的清晰度，评价内容涉及：并购双方品牌关系、品牌定位、品牌形象目标、沟通策略等。其次是，基于消费者视角，对品牌认知和品牌形象进行考评。对品牌认知的考评主要针对的是并购方自主品牌，衡量国外消费者对品牌内涵及价值认识和接受的程度。对品牌形象的测评可以通过测量用户满意度来进行，但还要区分自主品牌和被收购品牌。

此外，还可以借用品牌资产评估机构发布的品牌价值排行榜单数据，来分析并购双方品牌资产的维护和价值提升情况。英国的 Interbrand 公司是世界上最早研究评价品牌资产价值的机构，采用经济附加值法进行品牌价值评估，自 2000 年开始发布全球最有价值品牌 100 强榜单。Brand Finance 公司也是国际权威的品牌价值评估机构之一，不仅每年发布一次"全球品牌价值 500 强"榜单，还发布"中国最有价值品牌榜"。

4. 销售团队整合绩效及指标选取

在跨国并购的人力资源整合中，销售团队整合是重要的内容，关系到销售团队的稳定性、团队执行力及国际市场知识转移的顺畅性，进而关系到中间商客户关系的维护及销售目标的实现。在销售团队整合的背后是企业文化的整合。

销售团队整合的方式与品牌整合、渠道整合策略密切相关。如果被收购品牌维持独立运营,那么并购双方销售团队也会各自独立并分别运营不同的品牌。但对销售团队管理层的一定程度上的调整可能是必要的,一方面是为了促进国际市场知识的转移扩散进而推动双方品牌的国际市场扩张;另一方面,通过管理人员调整也是为了实现文化整合,传递或相互吸收对方先进的营销管理理念和销售政策措施等。

分析销售团队整合绩效,可以从三方面入手,即销售团队的稳定性、团队执行力及市场知识转移效果。其中,销售团队稳定性虽然可以通过考察销售人员,特别是骨干销售人员的流失情况来评价,但销售人员对企业的信任度更为重要,因此也需要进行考评。销售团队的执行力,首先可以通过测评一定时期内销售目标的实现情况来反映,其次是对经过整合的销售政策措施的清晰性和适应性进行评价。国际市场知识转移是否顺畅也是销售团队整合绩效考评的重要内容,可以从销售团队对国别市场需求特征的掌握程度及国别市场销售策略的适应性两方面进行评价。

(二) 指标数据来源

如表 5-1 所示,评价并购整合财务绩效的指标数据可以通过上市公司年报获得,即根据年报中的利润表和资产负债表中的原始数据来分析并购企业某年度内的盈利能力、发展能力和运营能力,进而还可以判断并购前后的变化趋势。

在市场绩效考评中,对市场扩张能力和市场领导力的评价可以依据企业的经营数据和行业数据进行,如国内市场销售额、已进入的其他国别市场及实现的销售额、市场占有率等。对渠道关系质量的评价,即对渠道成员信任度和渠道成员的合作水平的测评,则可以通过开发量表并请求销售经理代表或中间商代表做出评价,进而获得相关绩效数据。在开发用于测量区域经销商合作水平的量表时,应考虑销售目标制定、互依性、信息沟通、运营匹配、理念认同、承诺等内容,如表 5-2 所示。对渠道关系质量的评价可以按年度进行,进而做出纵向比较评价,反映渠道关系质量的改善情况。

表 5－2	渠道合作水平量表

本量表用于测量品牌供应商与区域经销商的合作程度，由供应商的销售经理填写。

就我公司与海外区域经销商的合作情况，请用打勾的方式表达您同意或不同意下列表述的程度（1＝极不同意，2＝不同意，3＝一般，4＝同意，5＝极其同意）。

CP1 我们与经销商在充分协商的基础上确定销售目标，并能够得到很好的实现。

CP2 我们相信，经销商与我们的目标是高度一致的。

CP3 我们的目标只有通过与经销商们的共同努力才能更好地实现。

CP4 我们提供的产品及存货，能够帮助经销商取得良好的收益。

CP5 我们提供的培训、营销、技术指导等服务支持，能够帮助经销商改善业绩表现；我们愿意花更多时间与他们一起解决工作中的问题。

CP6 我们相信，经销商们为了实现销售目标做出了最大的努力。

CP7 我们相信，经销商们清楚我们为实现目标所做出的努力，他们也会帮助我们。

CP8 我们与经销商的日常沟通是顺畅的，即使有矛盾也得到了很好的解决。

CP9 我们认为，经销商们认同并接受我们的营销理念和渠道政策。

CP10 我们与经销商建立了很好的信任关系。

CP11 我们不认为有必要替换现有的经销商，他们对企业很忠诚。

CP12 我们与经销商保持着良好的合作关系，并愿意继续发展这种关系。

CP13 我们与经销商的合作是成功的。

在品牌资产绩效评价中，关于品牌战略规划清晰度，可以采用企业经理访谈法或专家意见法获取评价依据。对于品牌形象，采用用户满意度评价法，因而需要先开发用户满意度量表，进而通过市场调查获取相关数据。对于品牌认知度，评价的是用户对自主品牌的接受度，同样需要先开发量表，进而利用访谈法或问卷调查法来获得数据。关于品牌价值，可以采用 Brand Finance 公司发布的年度"全球最有价值品牌"榜单数据及"中国最有价值品牌"榜单数据进行分析，进而反映品牌资产的维护和提升情况。

在销售团队整合绩效评价中，可以围绕销售人员对并购企业的信任度、销售政策的清晰度、国别市场销售策略的适应性、销售团队对国别市场需求知识的掌握程度等内容开发量表，然后通过对销售人员的访谈或问卷调查来获得相关数据，进而对销售团队的稳定性、执行力及市场知识转移效果进行评价。

五、案例分析：吉利收购沃尔沃的品牌资源整合绩效评价

2010 年，吉利控股成功收购沃尔沃汽车，成为近年来我国企业海外并

购的经典案例。吉利是我国一家民营汽车制造企业，经过十多年的发展，逐渐成为我国汽车行业的自主品牌龙头企业之一；沃尔沃则是世界知名品牌，以安全和环保著称，在欧美市场有较高的市场影响力；因此，研究吉利收购沃尔沃"弱并强"条件下的品牌资源整合案例，具有较好的代表性，能够为同类企业并购整合管理提供经验借鉴。

（一）案例简介

浙江吉利控股集团始建于 1986 年，1997 年进入汽车行业，多年来专注实业，专注技术创新和人才培养，取得了快速发展。现资产总值超过千亿元，连续 6 年进入世界 500 强，连续 14 年进入中国企业 500 强，是中国汽车行业十强之一，是国家"创新型企业"和"国家汽车整车出口基地企业"。[①]

2009 年 10 月，吉利控股集团宣布收购沃尔沃汽车；2010 年 3 月 28 日，吉利控股集团与美国福特汽车公司正式签署收购沃尔沃汽车公司的协议；2010 年 8 月 2 日，吉利控股集团以 18 亿美元完成对沃尔沃汽车公司 100% 股权的收购，包括获得沃尔沃的品牌、完整的研发体系和 1 万多项专利、3 家工厂和遍布全球的销售与服务网络[②]。

收购沃尔沃之时，吉利汽车仍处于汽车产业链的低端，"低质低价"的品牌形象根深蒂固，国际市场影响力和品牌形象明显弱于沃尔沃；因此，吉利收购沃尔沃汽车属于典型的"蛇吞象"式跨国并购。在并购整合初始，吉利控股集团就确定了采用分立的整合策略，即集团旗下的吉利汽车和沃尔沃汽车是"兄弟关系"，各自独立运营。沃尔沃汽车总部仍设在瑞典哥德堡。

（二）品牌资源整合绩效评价

本章按照表 5 - 1 所示的绩效评价指标体系，对吉利收购沃尔沃的品牌资源整合绩效进行评价，所依据数据资料除了来自吉利汽车（00175. HK）2009 ~ 2015 年所发布的上市公司年报外，还来自企业官方网站和企业领导人讲话或所接受的媒体采访等。

---

①②　资料来源：企业官网。

1. 财务绩效评价

本章首先针对吉利汽车，采用财务指标法来分析并购整合所产生的经营管理协同效应。财务指标包括三大类：盈利能力指标、发展能力指标和运营能力指标。利用三类指标数据，对比各项指标在并购前后的变化趋势，进而检验其是否通过并购整合实现了协同效应。①

（1）盈利能力分析。本章利用销售净利率、净资产收益率和成本费用利润率三个指标分析吉利汽车在收购沃尔沃汽车前后的盈利能力变化。如图 5-2 所示，2008 年吉利汽车盈利能力指标有一次大的变化，原因是当年母公司吉利控股集团将销售业务注入了上市公司，使得上市公司的资产和利润额增长了 3 倍多，进而造成了盈利能力指标的大幅波动。

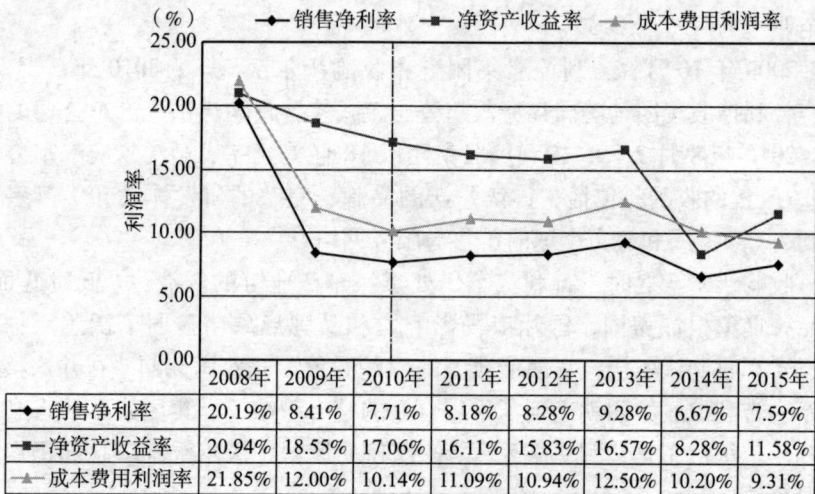

（％）

	2008年	2009年	2010年	2011年	2012年	2013年	2014年	2015年
销售净利率	20.19%	8.41%	7.71%	8.18%	8.28%	9.28%	6.67%	7.59%
净资产收益率	20.94%	18.55%	17.06%	16.11%	15.83%	16.57%	8.28%	11.58%
成本费用利润率	21.85%	12.00%	10.14%	11.09%	10.94%	12.50%	10.20%	9.31%

图 5-2 并购前后吉利汽车盈利能力的变化

从 2009~2013 年，吉利汽车销售净利率、净资产收益率和成本费用利润率三个指标基本上处于上升趋势，尽管增长速度较为平缓，但仍说明企业的经营效率有所提高，资产和资金的运用效果有所改善。但在 2014年和 2015 年，吉利汽车盈利能力却有了明显的下降，其主要原因是公司

---

① 在被吉利控股集团收购后，随着中国资金的注入为其带来良性循环，沃尔沃财务状况逐年好转并在 2013 年实现扭亏为盈。2013 年，沃尔沃实现净利润 1.5 亿美元。但本章对并购整合财务绩效的分析仍是站在并购方即吉利汽车的视角。

对自主品牌架构进行了重大调整，即把先前的三个产品品牌（"全球鹰"、"帝豪"及"英伦汽车"）在两年内逐步整合为一个单一品牌——"吉利"；随着品牌架构的调整，公司自2014年着手对其销售和分销体系也进行了大规模重组。品牌架构和渠道体系的调整，一方面增加了企业的投入；另一方面也在一定程度上影响了企业的销售量，进而势必影响公司的盈利能力。

（2）发展能力分析。本章利用营业收入增长率和总资产增长率两个指标分析吉利汽车在收购沃尔沃汽车前后的发展能力变化。如图5-3所示，在收购沃尔沃汽车之后，吉利汽车的营业收入和总资产均处于增长之中，但增长速度并不高且存在一定的波动。特别是，受品牌架构调整和销售渠道体系重组的影响，2014年公司的营业收入增长率为-24.28%，但2015年又猛增38.64%。从这两个指标看，收购沃尔沃对吉利汽车发展能力的影响并不显著。

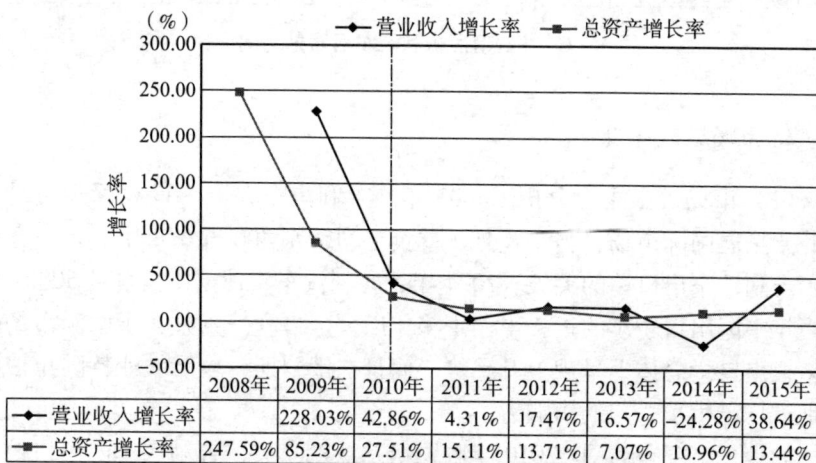

（%）	2008年	2009年	2010年	2011年	2012年	2013年	2014年	2015年
营业收入增长率		228.03%	42.86%	4.31%	17.47%	16.57%	-24.28%	38.64%
总资产增长率	247.59%	85.23%	27.51%	15.11%	13.71%	7.07%	10.96%	13.44%

图5-3　并购前后吉利汽车发展能力的变化

（3）运营能力分析。如图5-4所示，吉利汽车的应收账款周转率和存货周转率从2009年到2014年处于下降趋势中。2011年，吉利汽车的销量惨淡，收入增幅骤降导致存货周转率和应收账款周转率下降。2012年，吉利汽车的销量表现不俗，但是由于之前存货的积压，使存货周转水平变化幅度不大；2013年，吉利汽车继续保持销量的增长，清理了大部分存货积压，存货呈负增长，从而使存货周转率小幅回升；2012年、2013年，吉利汽车的销售收入以超过30％的增幅不断创新高的同时，其应收账款也逐步增长，平均增幅达48％，导致应收账款周转率不断下滑，说明企业向经销商压货现象较为严重。尽管吉利汽车库存有所减少，但经销商库存攀高也不容忽视。总体而言，并购后吉利汽车的运营能力并没有明显改善。

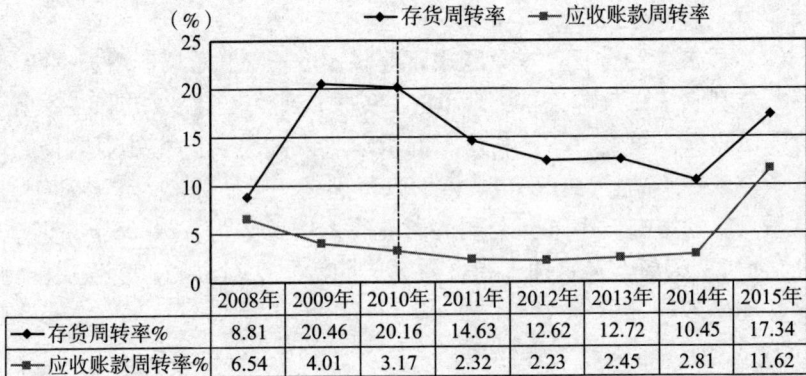

（％）	2008年	2009年	2010年	2011年	2012年	2013年	2014年	2015年
存货周转率%	8.81	20.46	20.16	14.63	12.62	12.72	10.45	17.34
应收账款周转率%	6.54	4.01	3.17	2.32	2.23	2.45	2.81	11.62

图 5 – 4　并购前后吉利汽车运营能力的变化

2. 市场绩效评价

（1）市场扩张能力分析。2003 年，吉利汽车在上海设立国际贸易公司开始拓展国际市场；当年 8 月，首批吉利轿车 400 部出口中东市场，实现了吉利轿车出口零的突破。2004 年，吉利汽车实现出口销量近 5000 部，占当年中国出口轿车的近一半。十多年以来，吉利一直致力于国际市场的开拓，出口量总体上呈现上升趋势，而且在俄罗斯、埃及、沙特阿拉伯等国别市场产生了一定的影响力。

如表 5 – 3 所示，自 2010 年收购沃尔沃汽车后，吉利汽车的出口销量实现了快速增长，其中 2012 年和 2013 年出口销量都超过了 10 万部，这在一定程度上反映了"弱并强"式并购对吉利自主品牌的国际认知度产生了较为显著的提升作用。与此同时，出口销售占吉利汽车总销量的比重在跨国并购后也呈现上升趋势，但也存在较大的波动性，如 2013 年出口销量占比达到最高峰的 21.6％，但在 2014 年却下跌到 14.3％，2015 年更是下跌到了 5.0％。根据公司年报分析，2014 年和 2015 年吉利汽车出口量的快速下滑与以下原因有关：目标市场国的政局或社会动荡（如乌克兰）、当地政府监管政策变化（如俄罗斯）、进口国货币疲软等。

表5－3　　　　　　　　吉利汽车出口销量及国际市场拓展情况

指标	2008年	2009年	2010年	2011年	2012年	2013年	2014年	2015年
总销量（部）	204205	326710	415286	421611	483483	549468	417851	510097
出口销量（部）	37940	19350	20555	39600	101908	118871	59721	25734
出口占总销量的比重（%）	18.6	5.9	4.9	9.4	21.1	21.6	14.3	5.0
出口市场数量	53	34	36	52	37	41	35	24

此外，从出口市场覆盖情况看，在跨国并购后，吉利汽车进入的国别市场数量呈现上升趋势，但也存在较大的波动性。例如，2011年吉利汽车出口到了52个国别市场，但在2014年却下跌到35个，2015年更是下跌到了24个。尽管在跨国并购后，吉利汽车出口销量和进入的国别市场数量均呈现上升趋势，但东欧、中东、北非和中南美洲的发展中国家一直是最重要的出口市场；其中，就销量而言，俄罗斯、埃及、白俄罗斯、沙特阿拉伯、伊朗和乌拉圭又是最重要的国别市场，2014年出口到这六个国家的销量占公司总出口量的79%。截至2015年末，吉利品牌的汽车产品仍未能进入欧美发达国家，吉利也并未尝试利用沃尔沃的已有渠道体系进入欧美主流市场。

（2）市场领导力分析。市场领导力是并购整合市场绩效评价的重要内容，且主要通过市场占有率的变化给予反映。由于跨国并购后采用了分立的品牌整合策略，因此，有关市场领导力的分析需要区分吉利汽车和沃尔沃汽车。其中，由于吉利汽车出口销量占比仍较小，而且国际市场较为分散，因此吉利汽车的市场领导力将主要考察其在国内市场的表现；而沃尔沃汽车主要销往欧美发达国家市场和中国内地市场，因此分析沃尔沃的市场领导力则需要区分三大区域市场：欧洲市场、美国市场和中国内地市场。

①并购前后吉利汽车的市场领导力分析。如图5－5所示，相比跨国并购之前，吉利汽车在并购之后的总销售量及国内市场销量均呈现增长趋势，但也存在一定的波动性；特别是，国内市场销量的增长速度较为平缓。2013年总销量和国内市场销量均出现了峰值，但在2014年又出现了明显的下降。

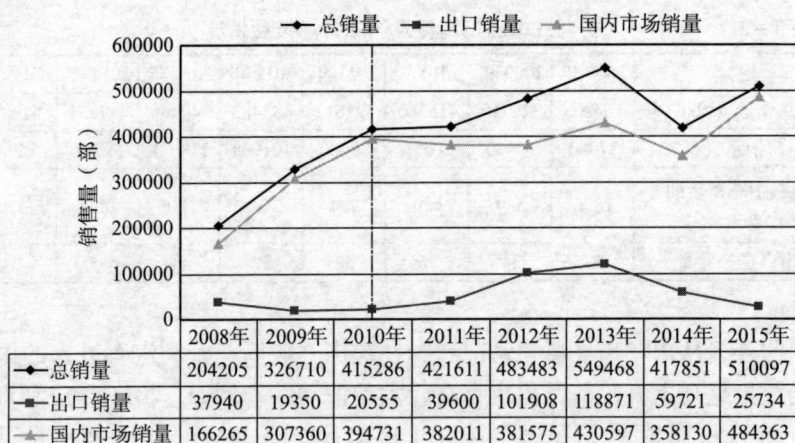

图 5-5　并购前后吉利汽车销售量的变化

	2008年	2009年	2010年	2011年	2012年	2013年	2014年	2015年
总销量	204205	326710	415286	421611	483483	549468	417851	510097
出口销量	37940	19350	20555	39600	101908	118871	59721	25734
国内市场销量	166265	307360	394731	382011	381575	430597	358130	484363

如表 5-4 所示，2010～2012 年，吉利汽车国内市场销量呈现出一定的下降趋势，直到 2013 年才出现明显的上涨，但在 2014 年又出现了明显的下降。从吉利汽车在国内乘用车市场占有率看，在并购前已达到 3% 以上，但在并购后却只是在 3% 上下徘徊，其中 2011 年、2014 年和 2015 年这 3 年则处于 3% 之下。这在一定程度上说明，并购沃尔沃之后，吉利汽车在国内市场的领导力并未得到明显的改善。

表 5-4　　　　　　吉利汽车国内市场销售量及国内市场占有率

项目	2008 年	2009 年	2010 年	2011 年	2012 年	2013 年	2014 年	2015 年
国内市场销量（部）	166265	307360	394731	382011	381575	430597	358130	484363
国内乘用车市场占有率（%）	3.2	4.0	3.0	2.9	3.3	3.1	2.1	2.4

注：国内乘用车总销量数据根据中国汽车工业协会发布数据整理而得。

②并购前后沃尔沃汽车的市场领导力分析。下面从沃尔沃汽车在美国市场和中国市场的业绩表现，分析其市场领导力在并购前后的变化。

如表 5-5 所示，在被吉利收购后，沃尔沃汽车在全球市场及中国市场的销量呈现上升趋势，但在美国市场波动较大。经过几年的快速增长，从 2014 年开始，中国市场超越美国市场成为沃尔沃最大的单一国别市场；沃尔沃全球战略中心逐步从美国转向中国。

表 5 - 5　　　　　　　　　沃尔沃汽车市场销量及变化趋势

年份	全球市场		美国市场		中国市场	
	销量（辆）	同比增速	销量（辆）	同比增速	销量（辆）	同比增速
2009	334808	- 10.6%	61426	- 16.0%	22405	77.3%
2010	373525	11.6%	53952	- 12.2%	30522	36.2%
2011	449255	20.3%	67273	24.7%	47140	54.4%
2012	421951	- 6.1%	68079	1.2%	41989	- 10.9%
2013	427840	1.4%	61233	- 10.1%	61146	45.6%
2014	465866	8.9%	56371	- 7.9%	81574	33.4%
2015	503127	8.0%	70047	24.3%	81588	0.02%
2016	534332	6.2%	82726	18.1%	90930	11.5%

　　从沃尔沃在美国市场和中国市场所占市场份额看，有明显的不同，如图 5 - 6 所示。尽管沃尔沃在这两个区域市场占有的市场份额均不足 1%，但沃尔沃在中国乘用车市场处于明显的上升趋势，其所占市场份额从 2010 年并购之初的 0.22% 上升至 2015 年的 0.39%，增长近一倍。在美国轿车市场，沃尔沃所占市场份额却处于一定的下降趋势，或者说，其市场领导力还弱于跨国并购之前。综合销量和市场占有率，可以看出，由于存在对并购后吉利是否有能力对沃尔沃进行有效管理的猜测和质疑，美国消费者对沃尔沃的未来产生不确定预期，这最终在一定程度上降低了美国消费者对沃尔沃品牌的购买意愿。

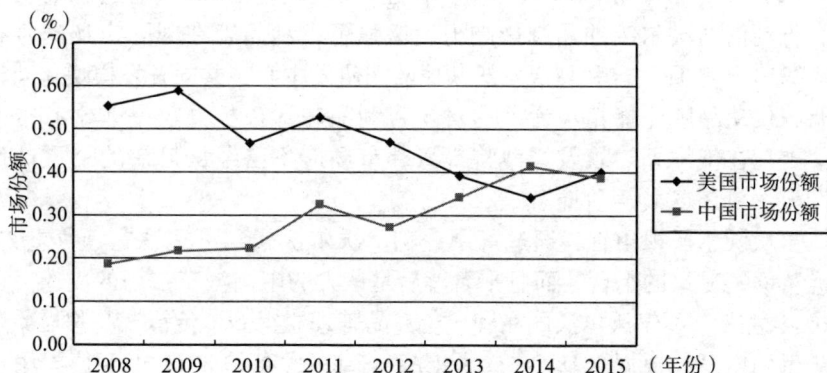

图 5 - 6　沃尔沃在中国市场和美国市场的市场份额

　　（3）渠道关系分析。在并购整合过程中，沃尔沃汽车非常重视维护与各地经销商的关系，除了加强沟通和改善销售政策外，还通过加大市场宣传推广投入来帮助经销商实现盈利。根据全美汽车经销商协会 NADA 调查结果，沃尔沃汽车在美国的经销商满意度从 2010 年的第 21 位提升至 2011 年的第 14 位，大部分经销商均实现盈利。这说明沃尔沃汽车在美国市场渠道整合管理上取得了一定的成效。

根据全国工商联汽车经销商商会发布的《中国汽车经销商对供应商满意度调查（2016）》，在参评的 28 个品牌中，沃尔沃的经销商满意度排名第 21 位，评分为 64.7 分，低于奔驰的 81.1 分（排名第 5 位）和雷克萨斯的 74.5 分。在参评的 8 个豪车品牌中，沃尔沃列第 5 名，排在其前面的品牌依次是奔驰、雷克萨斯、凯迪拉克和宝马。中国市场的经销商大都是沃尔沃近期招募的，双方的关系还需要进一步培育。

3. 品牌资产绩效评价

（1）品牌战略规划。在并购整合之初，吉利控股集团就形成了较为清晰的品牌战略规划，即沃尔沃品牌和吉利品牌各自独立运营；在此基础上，传承沃尔沃既有的品牌价值理念，巩固与加强在欧美传统市场的地位，开拓包括中国在内的新兴国家市场；吉利汽车品牌仍主攻大众化汽车市场，但要在加强研发能力和产品品质的基础上，不断提升吉利的品牌形象，即从"造老百姓买得起的车"升级为"造更安全、更环保、更节能的好车，让吉利汽车走遍全世界"。近年来，上述品牌战略规划正逐步得到贯彻落实。

（2）品牌形象和品牌认知度。首先，从吉利视角看，通过并购沃尔沃，吉利借助沃尔沃的品牌影响力，增强了吉利品牌在国际市场的号召力。2013 年 9 月，吉利与沃尔沃共建欧洲研发中心，共同开发模块化架构平台，仅从品牌传播角度看，这对于吉利品牌形象提升也是非常有帮助的。吉利在俄罗斯、埃及、沙特等海外市场形象已经从最初的"质低价廉"升级到了"物美价廉"。

再从沃尔沃视角看，通过跨国并购，沃尔沃找到了重视它、尊重它、愿意帮助它复兴的平台，而且平台背后是诱人的中国汽车市场的支撑。自 2010 年以来，不仅沃尔沃的品牌定位和品牌理念得到了传承，品牌形象也逐步得到恢复。根据 J. D. Power and Associates 发布的 2011 年度德国用户满意度调查，沃尔沃超过奔驰排名榜首，而 2010 年度沃尔沃的用户满意

度仅排名第七位①。沃尔沃汽车2013年5月内部数据显示，沃尔沃汽车的
消费者再购率从2011年的71%提升至76%，消费者满意度较2011年也提
升了6%②。

（3）品牌价值。被吉利控股集团收购后，随着销量的逐步增大，沃尔
沃品牌价值也有明显的提升。根据 Brand Finance 发布的"全球最具价值
汽车品牌100强"2016年度榜单数据，沃尔沃品牌列第23位；而在2012
年时，列第33位，品牌价值为24亿美元。

吉利品牌价值增长更快。2017年2月，作为唯一的中国汽车品牌，吉
利首次入选了 Brand Finance 发布的"全球最具价值品牌500强"排行榜，
列第472位；在最有价值汽车品牌100榜单中列第24位，品牌价值37亿
美元，而在2013年时，吉利品牌价值只有7.22亿美元。

4. 销售团队整合绩效评价

吉利收购沃尔沃后，由于采用了分立式整合策略，加上沟通安抚工作
开展得较为有效，很快赢得了沃尔沃汽车销售团队对吉利的信任，团队稳
定性得到保持，全球各大区域市场并没有出现明显的销售骨干员工离职现
象。从2014年开始，沃尔沃又开始着手改变其显得保守和老套的营销策
略，并推出了名为"沃尔沃市场之路"的新营销方案，加大了市场投入，
这一变化也让公司销售团队对未来充满了希望。

2011年，为了加快开拓中国市场，沃尔沃汽车集团中国区在上海成
立，这标志着沃尔沃汽车在中国从一个全国性销售公司转变成为一个集销
售和营销、制造生产、采购和产品开发为一体的全职能跨国公司区域总
部。在沃尔沃汽车（中国）公司组建过程中，从吉利汽车引入了一批熟悉
中国汽车市场的营销和销售人员，这有助于在吉利汽车和沃尔沃汽车之间
的转移和扩散，进而加快沃尔沃在中国市场的发展。

与此同时，沃尔沃营销策略的适应性也显著增强。以沃尔沃汽车中国
区为例，根据中国汽车市场营销环境，为了提升沃尔沃的品牌竞争力，沃
尔沃汽车中国销售公司对其营销策略进行了一定的调整，即在突出"安
全"的同时，不断丰富沃尔沃的品牌元素，包括北欧设计（如标杆级的车
内空气质量、美学与功能性的完美结合等）、北欧幸福感（尊重生命、亲
近自然、热爱生活）等；此外，沃尔沃对其渠道策略也进行了调整，完善

---

① 凤凰网，http://auto.ifeng.com/news/report/20110622/632839.shtml。
② 环球网，http://auto.huanqiu.com/industryreview/2013-08/4276311.html。

扩大经销商渠道，并试水线上渠道，积极开拓三四线市场。

（三）结论

（1）吉利收购沃尔沃汽车属于典型的"弱并强"式跨国并购；在这种条件下的并购整合适合采用分立策略，即维持被收购品牌的独立性及其定位的稳定性。在采用分立策略的情况下，从 2008 年至 2015 年的财务数据看，吉利收购沃尔沃汽车的协同效应并不明显；跨国并购对吉利汽车的价值创造主要体现在以下方面：一是吉利品牌的国际认知度和品牌价值有显著提高，有助于自主品牌的国际化成长；二是通过并购后的技术整合，提升吉利汽车的研发能力，并降低研发成本。

（2）截至 2016 年末，吉利仍未进入欧美发达国家市场，其海外市场仍以东欧、中东、北非和中南美洲的发展中国家市场为主。对于吉利等中国制造企业来说，尽管跨国并购有助于提升自主品牌的国际认知度，但要进入欧美主流市场任重而道远。要想尽快进入国际主流市场，必须有能力开发并提供高品质、有特色的产品和服务，进而改善自主品牌的市场形象，而这又需要建立在强大的研发能力基础上。在跨国并购中，技术整合和研发能力的提升往往也需要一个长期的过程。

（3）在被吉利控股集团收购后，沃尔沃在中国市场的销量和市场份额有明显提高，但在美国市场地位却出现波动，这说明沃尔沃品牌价值在美国市场受到一定的不利影响。究其原因，还是美国消费者对并购后吉利是否有能力对沃尔沃进行有效管理存有猜测和质疑，对沃尔沃的未来产生不确定预期，进而在一定程度上降低了美国消费者对沃尔沃品牌的购买意愿。

参考文献：

［1］Morosini P, Shane S, Singh H. National cultural distance and cross-border acquisition performance ［J］. Journal of International Business Studies, 1998, 29: 137 – 158.

［2］Harrison J S, et al. Synergies and post-acquisition performance: Differences versus similarities in resource allocations ［J］. Journal of Management, 1991, 17（1）: 173 – 190.

［3］Quah P, and Young S. Post-acquisition Management：A Phases Approach for Cross-border M&As ［J］. European Management Journal，2005，23（1）：65 –75.

［4］顾露露：《中国企业海外并购失败了吗?》，载《经济研究》2011年第7期。

［5］王海：《中国企业海外并购经济效果研究》，载《管理世界》2007年第2期。

［6］段明明、杨军敏：《文化差异对跨国并购绩效的影响机制研究：一个整合的理论框架》，载《科学学与科学技术管理》2011年第10期。

［7］林季红、刘莹：《中国企业海外并购绩效研究——以并购整合为视角》，载《厦门大学学报（哲学社会科学版)》2013年第6期。

［8］陈健、席酉民、郭菊娥：《国外并购绩效评价方法研究综述》，载《当代经济科学》2005年第3期。

［9］余鹏翼、王满四：《国内上市公司跨国并购绩效影响因素的实证研究》，载《会计研究》2014年第4期。

［10］周路路、赵曙明、王埱：《企业跨国并购后不同整合阶段控制机制选择》，载《软科学》2012年第3期。

［11］胡海青等：《基于协同效应的海外并购绩效研究——以吉利汽车并购沃尔沃为例》，载《管理案例研究与评论》2016年第6期。

［12］李强：《制度距离对我国企业跨国并购绩效的影响研究——基于上市公司数据的实证分析》，载《软科学》2015年第10期。

［13］高良谋：《购并后整合管理研究——基于中国上市公司的实证分析》，载《管理世界》2003年第12期。